제3판

호텔영어 1000문장 익히기

박대환 · 한영주 · 송석규 · 정구점 · 원철식
장병주 · Rebecca C. Payne 저

pnc publishing and culture
피앤씨미디어

Preface

본 교재는 대학에서 호텔경영을 전공하는 학생들이 필수적으로 습득하여야 할 현장영어를 호텔 현업 출신의 교수들과 미국현지 호텔경영 경험 교수들, 미국에서 영어를 전공한 교수들이 공동참여로 집필하였고, 원어민의 감수를 거쳐 완성하였다.

수년간 호텔경영학과에서 학생들을 지도하면서 체득한 강의 경험을 바탕으로, 학생들이 실제적으로 현장에서 필요로 하는 필수 영어 표현을 수집한 후, 이를 엄선하여 최종적으로 책으로 엮었다. 뿐만 아니라 2007년 제1판에 이어 2010년 제2판에는 현장에서 고객에게 객실과 식음료를 판매하고, 재방문고객과 지속적인 관계유지를 위한 보다 심화된 현장중심의 영어회화로 보완되었다. 2014년 제3판을 내면서 출판사와 논의하여 내용을 쉽게 이해하고, 익힐 수 있도록 디자인을 강화하였다.

이 책은 전체 문장과 내용을 이해하고 상황을 암기하여야 하는 것이 학습요령이다. 학습요령을 적용하기 위한 학생들의 단계적 자습효과를 제도적으로 지원하기 위해서 대학의 학생진로개발센터가 만든 경력개발 프로그램인 YCMP(Youngsan Career Map Program) 학생지도 체계를 바탕으로 학생의 개인적 노력과 학교의 제도적

지도체계가 결합하여 효율적인 학습성과를 이룰 것으로 확신한다.

어학공부는 어디에서 무슨 책을 보는가 하는 것도 중요하지만 지금 결심한 공부에 얼마나 신념을 가지고 일정수준까지 학습 초기의 초심을 유지하면서 지속적으로 이행해 나가는가가 더 중요한 요인이라고 할 수 있다. 따라서 나의 어학공부는 자신에 대한 믿음, 열정, 노력과 이룰 수 있다는 신념, 그 자체가 중요한 학습의 성공정신이다.

모두들 일로매진하여 "Hoteliers are not born but made"이 마음으로 호텔영어를 잘 할 수 있는 그 날이 올 때까지 인내하며, 불광불급(不狂不及)의 정신으로 헤쳐 나가면서 새로운 가능성을 뿌듯한 가슴으로 즐길 날이 올 것을 기대한다. 공동저자들은 여러분의 성공을 진심으로 소망한다.

공동저자

Contents

P·A·R·T 1 Rooms Division Operations

P·A·R·T 2 Food and Beverage Operations

P·A·R·T 3 Sales and Marketing

P·A·R·T 4 Job Interviews

P·A·R·T 5 House Rules on the Hotel Accommodation

호텔영어 1000문장 익히기

P·A·R·T 1

Rooms Division Operations

Room Reservations

객실예약

Room reservations over the phone 전화로 예약받기

A guest calls the World Best Smile Hotel to make a reservation for a room and has a conversation with a room reservation agent.

R Reservation Agent G Guest

R Good morning, room reservations. Ms. Hwang speaking. May I help you?

G Yes, please. My name is Billy Jackson and I need a single room for myself. Do you have a single room available?

R How long are you planning to stay with us, sir?

G I am going to check in June 1st and check out June 3rd.

R Just a moment, please. We have a single room on the 15th floor at 110,000 won per night available for you, sir.

G Great! I will take it.

R How would you like to pay?

G I will pay with my credit card.

Situation

고객이 객실예약을 위하여 월드베스트스마일호텔에 전화를 하고, 객실예약 담당자가 예약에 대해 협상하여 예약을 성사시키는 내용의 대화

R 예약담당 G 고객

R 안녕하십니까? 객실예약 담당 황입니다. 무엇을 도와드릴까요?

G 예, 부탁합니다. 저는 잭슨이라고 하는데, 싱글룸이 하나 필요합니다.

R 얼마 동안 체류하실 예정입니까?

G 저는 6월 1일 입숙해서 6월 3일 퇴숙할 예정입니다.

R 잠시만 기다려 주시기 바랍니다. 15층에 1일 110,000원짜리 객실이 가능합니다.

G 좋습니다. 그것으로 하지요.

R 계산은 어떻게 하시겠습니까?

G 저의 신용카드로 하겠습니다.

R May I have the name of the credit card company and number, please?

G Yes, it's Master Card #1241258797856.

R Was that Master Card #1241258797856?

G Yes, that is correct.

R Mr. Jackson, you are all set. Thank you for calling.

R 카드번호를 말씀해 주시겠습니까?

G 예, 마스터카드 1241258797856입니다.

R 마스터카드 1241258797856이라구요?

G 예, 맞습니다.

R 잭슨 씨, 이제 다 되었습니다. 전화 주셔서 고맙습니다.

Front Office Reception Services

객실부문 영접서비스

Doorman Reception Service 도어맨 영접서비스

A doorman is waiting for guests under the hotel canopy. A guest driving to the hotel entrance and stops in front of the hotel. The doorman opens the car door and welcomes the guest.

D Doorman G Guest

◆ Doorman Service

D Good morning, Ma'am. Welcome to the World Best Smile Hotel. May I get your bags and belongings?

G Yes, please. Can you also get my luggage from my car trunk? My room is 2517. Please have a bellman take them to my room.

D Would you like to use valet parking for your car?

G Yes, please and leave the car key at the front desk. I will pick it up later. Where can I buy some flowers?

D On the ground floor. Please go straight ahead and make a right turn. It is on your left hand side.

Situation 1

도어맨이 호텔현관 입구에서 고객을 기다리고 있다. 자가운전을 한 고객이 호텔에 현관 입구에 도착하고 있다. 도어맨이 차량의 문을 열면서 맞이하고 있다.

D 도어맨 G 고객

◆ 도어맨 서비스

D 월드베스트스마일호텔에 오신 것을 환영합니다. 휴대품 운반을 도와드릴까요?

G 예, 좀 도와주십시오. 차량 트렁크에 있는 가방들도 좀 꺼내어 주시겠어요? 객실은 2517호입니다. 벨맨을 시켜서 짐을 방으로 보내 주십시오.

D 저희가 대리주차해 드릴까요?

G 예, 그렇게 하시고, 차량 열쇠는 데스크에 보관해 주십시오. 나중에 가져가겠습니다. 꽃을 좀 사려고 하는데 어디에서 살 수 있지요?

D 1층에 있습니다. 곧바로 가셔서 오른쪽으로 돌면 왼쪽에 있습니다.

Bellman Reception Service 벨맨 영업서비스

A doorman is handing over the bags to the bellman then the bellman guides the guest to the reception desk.

B Bellman G Guest

◆ Bellman Service

B Good morning, Ma'am. May I help you?

G Yes, please. I would like to check in now. I made a reservation a couple of days ago.

B I will show you to the front reception desk. How many bags and belongings do you have?

G Two bags and one box.

B I will take care of them.

Situation 2

도어맨이 가방을 벨맨에게 넘기고, 벨맨은 고객을 프론트로 안내한다.

B 벨맨 G 고객

◆ 벨맨 서비스

B 안녕하십니까? 부인. 도움이 필요하십니까?

G 예, 체크인을 하려고 합니다. 며칠 전에 내가 직접 예약을 해 두었습니다.

B 프론트로 모셔 드리겠습니다. 짐은 몇 개나 되는지요?

G 짐 2개와 박스 1개가 있습니다.

B 제가 가지고 들어가겠습니다.

Front Desk Agent Reception Service 프론트데스크 영접서비스

A guest who made a reservation is arriving at the front desk to check in.

F Front Desk Agent G Guest

◆ Front desk check-in service

F Good morning, sir. Did you make a reservation?

G Yes, I made a reservation for a double room under the name of Jeffrey Brown.

F We have your reservation for one double-bed room. And you are going to stay with us for two nights. Please fill out the registration form and put your signature at the bottom of the form. How would you like to pay the bill, sir?

G If it does not matter, I will pay it with my credit card.

F Can I make a copy of your card, please?

G Yes, here you are.

F Your room is 2122. Please refer to the room number on the room slip in the key pack. Have a nice stay with us.

F Allen! Please take care of Mr. Jeffrey Brown.

Situation 3

미리 예약을 한 고객이 체크인을 위해 프론트 데스크에 도착하였다.

F 프론트데스크 에이전트 G 고객

◆ 프론트데스크 체크인 서비스

F 안녕하십니까? 예약은 하셨습니까?

G 예, 제프리 브라운이라는 이름으로 디블룸 한 개를 예약했습니다.

F 고객 성함으로 오늘부터 2박3일간 더블룸 1개가 예약되어 있습니다. 이 등록카드를 기록해 주시고, 아래 부분에 서명을 해 주시면 고맙겠습니다. 계산은 어떻게 하시겠습니까?

G 괜찮으시다면, 나의 신용카드로 계산하면 좋겠습니다.

F 신용카드로 예치를 해도 되겠습니까?

G 예, 여기 있습니다.

F 손님의 객실은 2122입니다. 열쇠꽂이에 있는 표찰을 참조해 주시기 바랍니다. 편히 쉬십시오.

F 알렉! 브라운씨를 잘 모셔 주셔요.

Guest Check-in Service 고객 입숙 서비스

A guest who made a reservation wants to check-in for his stay.

F Front Desk Agent G Guest

◆ Front desk agent

F Good morning (afternoon, evening), sir.

F Do you have a reservation? May I have your name, please?

G My name is Charles Brown. I have a reservation for two nights.

F We have your reservation in the hotel system.

F Mr. Brown. We have a double room reserved for you. Are there any special requests for your room?

G Is there a double room with a mountain view?

F Yes, I'll search the computer for a mountain view room. How long would you like to stay?

G We will be here for four nights.

F Could you fill out the registration card for us, please?

Situation 4

예약하신 고객이 프론트데스크에 와서 체크인을 원한다.

F 프론트데스크 에이전트 G 고객

◆ 프론트데스크 에이전트

F 안녕하십니까? 고객님.

F 예약하셨습니까? 성함을 말씀해 주시겠습니까?

G 나는 찰스 브라운이고, 2일간 예약을 하였습니다.

F 우리 호텔시스템에 예약이 잘 되어 있습니다.

F 브라운씨. 예약은 더블 베드룸으로 되어 있습니다만 어떤 객실을 원하십니까?

G 더블 베드룸 하나면 되겠습니다. 우리는 산 쪽의 전망을 바다 쪽보다 더 좋아합니다.

F 예, 컴퓨터 화면에서 찾아보겠습니다. 그런데 며칠 동안 머무시겠습니까?

G 여기는 4일간 머물려고 합니다.

F 등록카드를 기록해 주시겠습니까?

F Your room rate is 350,000 Korean Won per night.

G Do you have any lower rate rooms available?

F Yes, we do. But it does not include breakfast or two tickets for the fitness center.

G It's okay, we'll keep our room.

F Could I have your credit card for imprinting, please? If you would like, you may use another card to settle your account when you check out.

F Your room number is on the room slip.

F When you open the door with your room key, ① please insert your key card with the picture side up and turn the door knob. ② Please touch your room key onto the door lock when the green light turns on and then turn the door knob.

F The bellman will escort you to the room. Thank you very much and I hope you have a pleasant stay with us.

F 객실요금은 1박에 350,000원입니다.

G 좀 더 낮은 가격대의 객실은 없습니까?

F 예, 있습니다만 그 가격엔 조식과 체련실 이용권이 포함되어 있지 않습니다.

G 좋아요. 처음 예약한 것으로 하겠습니다 .

F 계산하실 신용카드를 주시면 오픈하였다가 나가실 때 계산을 완료해 드리겠습니다. 퇴실하실 때 결제하시기 위해 다른 카드를 사용하셔도 됩니다.

F 객실번호는 객실안내표에 적혀 있습니다.

F 객실열쇠로 문을 여실 때, ① 객실 키는 그림이 있는 면을 위로 넣었다가 빼시고, 손잡이를 돌리시면 됩니다. ② 객실 키를 도어 락에 터치하시고, 초록색 불이 들어오면 손잡이를 돌려주십시오.

F 저희 직원이 안내해 드리겠습니다. 편히 쉬십시오. 감사합니다.

Check-in Service for Walk-ins 워크인스의 도착서비스

At the front desk, you have a guest who did not make a reservation for himself. You'll see how to assist the guest.

F Front Desk Agent G Guest B Bellman

◆ A walk-in guest without a reservation

F Good evening, sir? Do you have a reservation?

G No, I don't. But I need two rooms for myself and my family.

F How many nights are you going to stay with us?

G I think we need to stay here two nights.

F What kind of room would you like?

G We would like a double bed room for my wife and I, and a single room for my son.

F I will check if there are rooms available. Let me see. Okay, we have a deluxe double-bed room and one single-bed room for you and your son.

G How much are they?

F The total cost is 450,000 won per night not including a 10% service charge and tax. Since you do not have a reservation, we require the first day's room charge to be paid in advance.

Situation 5

예약을 하지 않고 도착한 고객이 프론트데스크에 오셨다. 어떻게 처리해야 할까요?

F 프론트데스크 에이전트 G 고객 B 벨맨

◆ 예약을 하지 않은 고객이 도착했을 때

F 안녕하십니까? 예약하셨습니까?

G 아니오. 객실이 2개가 필요합니다. 저와 제 아들이 머물 예정입니다.

F 며칠간 머무실 예정입니까?

G 2일간 머무를 예정입니다.

F 어떤 종류의 객실을 원하십니까?

G 우리 부부는 더블 베드룸 1개, 아들은 싱글 베드룸 1개가 있으면 되겠습니다.

F 빈 방이 있는지 확인해 보도록 하겠습니다. 디럭스 더블 베드룸 1개와 싱글 룸 1개가 가능합니다.

G 객실요금은 얼마입니까?

F 일일 요금은 450,000원입니다. 10% 봉사료와 10%의 세금은 별도입니다. 예약이 없으신 분은 1일 요금을 선불로 미리 받게 됩니다.

G Okay, I will pay with my VISA card.

F Mr. Brown, everything's all set. Your room is 1236. Bellman Carl will take you to your room right away. If you have any inconveniences, please do not hesitate to contact me. Have a nice stay with us.

B Mr. Brown, I will take you to your room. This way, please.

Service Experiences at the Front Desk 프론트데스크에서 서비스 경험

At the front desk, you can see three types of service provided by the receptionist.

R Receptionist G Guest

◆ Below Service Expectations at the Front Desk

R Good evening sir, are you checking-in?

G Yes, I have a reservation in the name of Jones Hilton.

R I see, yes here it is. Welcome to the World Best Smile Hotel. It's for one night, is it?

G Yes, just tonight.

R Could I ask you to fill in your registration form, please.

G Certainly. May I borrow your pen?

G 좋아요. 저의 비자카드로 계산을 하도록 하지요.

F 브라운 씨 잘 정리되었습니다. 객실은 1236번입니다. 벨멘 칼이 지금 객실로 안내를 해 드릴 것입니다. 혹시 불편하신 점이 있으면 저에게 연락을 주시기 바랍니다.
편히 쉬시기 바랍니다.

B 브라운씨, 제가 안내해 드리겠습니다. 이쪽입니다.

Situation 6

프론트에서 영접원이 제공하는 세 가지 서비스를 접할 수 있다.

R 프론트 영접원 G 고객

◆ 프론트데스크에서 고객의 기대에 부응하지 못하는 서비스

R 안녕하십니까? 고객님. 체크인하시겠습니까?

G 예, 존 힐튼이라고 예약이 되어 있을 것입니다.

R 알겠습니다. 예, 여기 있습니다. 월드베스트스마일호텔에 오신 것을 환영합니다. 하룻밤 머무실 거지요?

G 예, 오늘 하룻밤입니다.

R 등록카드에 기록을 해 주시겠습니까?

G 그렇게 하지요. 펜 좀 빌릴까요?

R Sure, here you are. Okay, thank you, sir. You will be paying by Visa is that correct?

G Yes.

R May I have your card for authorization purposes please?

G Yes of course. Here it is.

R Thank you. here is your card sir. Now I'll just get your key.

G Actually, could I have a non-smoking room at the back of the hotel and, oh yes, a soft pillow?

R Ehm, let me check sir. yes, I do have a non-smoking room at the back, but I will have to contact housekeeping about the pillow. I will have them call you in your room. Now, I have given you room 8016 which is on the eighth floor and faces the back. Is there anything else?

G No, that's fine.

R Ok, so. The lifts are just to your left. Have a nice evening sir and please let us know if you need anything during your stay.

G Thank you.

R 그렇게 하겠습니다. 여기 있습니다. 예, 되었습니다. 고맙습니다. 비자카드로 지불하실 것이죠?

G 예.

R 승인을 받아야 하므로 카드를 좀 주시겠습니까?

G 예, 그럼요. 여기 있습니다.

R 감사합니다. 카드 여기에 있습니다. 선생님. 객실 키를 드리도록 하겠습니다.

G 그런데 호텔 뒤편 조용한 곳으로 금연실을 얻을 수 있을까요? 참, 그리고 부드러운 베개도.

R 음~. 예, 확인해 보도록 하겠습니다. 예, 뒤편 조용한 곳으로 금연실이 있습니다. 그리고 베개는 객실관리부서에 연락을 하도록 하겠습니다. 객실관리부서 직원이 고객님께 전화하도록 하겠습니다. 이제, 고객님에게 8층 뒷편에 있는 8016호를 드리도록 하겠습니다. 혹시, 더 필요하신 것이 있습니까?

G 아니오. 됐습니다.

R 예, 그럼, 엘리베이터는 왼편에 있습니다. 체류기간에 불편하신 점이 있으면 연락을 주시기 바랍니다. 편히 쉬시기 바랍니다.

G 고맙습니다.

◆ Meet Service Expectations at the Front Desk

R Good evening sir, may I help you?

G Yes, I have a reservation in the name of Jones Hilton.

R Oh yes, here it is. You will be staying with us just for one night, Mr. Hilton, is that right?

G Yes, just tonight.

R Oh, and welcome back to the hotel, it's nice to see you again. Mr. Hilton. Could I ask you to fill in your registration form, please. Here is a pen.

G Certainly.

R Thank you, Mr. Hilton. You will be paying by Visa, is that correct?

G Yes.

R May I have your card for authorization purposes, Mr. Hilton, please?

G Yes, of course, here it is.

R Thank you, Mr. Hilton. Would you like a wake up call in the morning and a newspaper perhaps?

◆ 프론트데스크에서 고객의 기대에 부응하는 서비스

R 안녕하십니까? 고객님. 도와드릴까요?

G 예, 존 힐튼이라고 예약이 되어 있을 것입니다.

R 오~ 예, 여기에 있습니다. 힐튼 씨, 우리 호텔에는 오늘 하룻밤 머무시는 것이지요?

G 예, 오늘 하룻밤입니다.

R 오~, 우리 호텔에 또 오셨군요. 힐튼 씨, 다시 찾아주신 것을 진심으로 환영합니다. 이 등록카드를 좀 작성해 주시겠습니까? 펜은 여기 있습니다.

G 그러지요.

R 감사합니다. 힐튼 씨. 비자카드로 계산하실 것이지요?

G 예.

R 승인을 받아야 하므로 카드를 좀 주시겠습니까?

G 예, 그럼요. 여기 있습니다.

R 고맙습니다. 힐튼 씨. 아침에 깨워드릴까요? 그리고 조간신문도 필요하시죠?

G Yes at 6:30 AM and could I have The Times please.

R Would you like me to make a reservation for you for dinner this evening, Mr. Hilton?

G Yes, at 8:00 PM please?

R Certainly, I will do that for you. Is there anything else you would like, Mr. Hilton?

G Actually, could I have a non-smoking room at the back of the hotel and, oh, yes, a soft pillow?

R Yes of course. Now let me see. I have given you room 8016 which is on the eighth floor. I will also have the pillow sent up to you. Are you familiar with our facilities?

G Yes, I am, thanks.

R Would you like me to help with your luggage, Mr. Hilton?

G No that's fine, I can manage, thanks.

R That's great, Mr. Hilton. The lifts are just to your left. Have a nice evening and please let us know if you need anything during your stay. Just dial 0 on your phone and we will be happy to help.

G Thank you.

G 예, 6시 30분에 좀 깨워 주시고, 타임지를 주시기 바랍니다.

R 힐튼 씨, 저녁 식사를 위해 레스토랑에 예약을 해 드릴까요?

G 예, 8시로 해 주시죠.

R 잘 알겠습니다. 그렇게 하겠습니다. 힐튼 씨, 그 외에 제가 도와 드릴 일이 있습니까?

G 그런데 호텔 뒤편 조용한 곳으로 금연실을 얻을 수 있을까요? 참, 그리고 부드러운 베개도.

R 예, 찾아보도록 하겠습니다. 예, 뒤편 조용한 곳으로 금연실이 있습니다. 8층 8016호를 드리도록 하겠습니다. 그리고 부드러운 베개는 객실에 올려 보내 드리도록 하겠습니다. 힐튼 씨는 우리 호텔 시설을 잘 아시나요?

G 예, 그렇지요, 고맙습니다.

R 힐튼 씨, 짐 옮기는 것을 도와드릴까요?

G 아니요. 괜찮습니다. 제가 가지고 가지요. 고맙습니다.

R 좋습니다. 힐튼 씨. 엘리베이터는 왼쪽에 있습니다. 체류기간에 불편하신 점이 있으면 연락을 주시기 바랍니다. 즐거운 저녁시간 되시기 바랍니다. 전화 0을 누르시면 기꺼이 도와 드리겠습니다.

G 고맙습니다.

◆ Exceeds Service Expectations at the Front Desk

R Good evening sir, may I help you?

G Yes, I have a reservation in the name of Jones Hilton.

R Oh yes, here it is. Welcome back Mr. Hilton, it is great to see you again. Here is your registration form, Mr. Hilton. Could you check if the details are the same as the last time and please just sign it at the bottom? Here is a pen.

G Certainly.

R Thank you, Mr. Hilton. You will be paying by Visa is that correct?

G Yes.

R May I have your card for authorization purposes?

G Yes of course. Here it is.

R Thank you, Mr. Hilton. Would you like The Times in the morning as usual?

G Yes, thank you.

R What time would you like a wake up call for in the morning, Mr. Hilton?

◆ 프론트데스크에서 고객의 기대를 초과하는 서비스

R 안녕하십니까? 고객님. 도와드릴까요?

G 예, 존 힐튼이라고 예약이 되어 있을 것입니다.

R 오~ 예, 여기에 있습니다. 힐튼 씨, 다시 뵙게 되어 반갑습니다. 여기 등록카드가 있습니다. 지난 번 투숙 때 내용과 다른 점이 있으면 변경해 주시고, 변경 사항이 없으면 맨 아래 서명만 해 주시기 바랍니다. 펜은 여기에 있습니다.

G 그리지요.

R 감사합니다. 힐튼 씨, 비자카드로 계산하실 것이지요?

G 예.

R 승인을 받아야 하므로 카드를 좀 주시겠습니까?

G 예, 그럼요. 여기 있습니다.

R 고맙습니다. 힐튼 씨, 평소처럼 아침에 타임지를 원하시죠?

G 예, 고맙습니다.

R 아침엔 몇 시에 깨워드리면 좋겠습니까? 힐튼 씨.

G At 6:30 AM, please.

R That's fine. Would you like me to make a reservation for you for dinner this evening, Mr. Hilton?

G Yes, at 8:00 pm please?

R Have you any preference for a table, Mr. Hilton?

G Actually, one to the side if you don't mind, not in the centre.

R I will organize that for you now. Just to let you know that our restaurant manager, Seul, tells me that he will give you a quiet table towards the back of the restaurant because there is a large group in the front section, so it might be quieter for you there. Will that be alright for you, Mr. Hilton?

G Yes, that sounds perfect.

R Now, Mr. Hilton, I have given you a non-smoking room at the back of the hotel, which is on the same side that your requested the last time. It's room 8016 on the eighth floor. Is that suitable?

G Yes, Thank you. I was just about to ask.

R And I will arrange for a soft pillow to be taken up to the room in the next few minutes.

G 6시 30분에 깨워주시기 바랍니다.

R 힐튼 씨, 저녁 식사를 위해 레스토랑에 예약을 해 드릴까요?

G 예, 8시로 해 주시죠.

R 특별히 선호하시는 테이블이 있으면 말씀해 주시기 바랍니다. 힐튼 씨.

G 실은 중간에 있는 테이블보다 가장자리에 있는 것으로 해 주면 좋겠습니다.

R 지금 레스토랑 설 지배인에게 연락하여 그렇게 짜놓도록 하고 힐튼 씨에게 연락을 드리라고 하겠습니다. 아마 오늘은 큰 단체가 있어서 앞편은 혼잡할 것 같고, 뒤편이 조용할 것 같습니다. 그렇게 하면 되겠지요? 힐튼 씨.

G 예, 완벽하네요.

R 힐튼 씨, 지난 번 투숙하셨던 객실과 같은 층에 있는 조용한 뒤편 금연실을 드리도록 하겠습니다. 8016호실인데요. 괜찮으시겠습니까?

G 예, 고맙습니다. 그리고 부탁할 게 있는데요.

R 그리고 부드러운 베개를 곧 올려 보내 드리도록 하겠습니다.

G Oh, really, you remembered. That's great, thank you.

R Do you remember our facilities Mr. Hilton, or would you like me to run through everything again for you?

G No, I remember, thanks.

R That's great, Mr. Hilton. Oh, we have recently redecorated the bar so you might like to have a drink there this evening before dinner. It's really nice what they have done, I'm sure you'll like it. We would be delighted to offer you a complimentary drink as a little thank you for your guest. Well, the lifts are just to your left, Mr. Hilton. Please leave your luggage there and we will have it brought straight up for you.

G No that's fine, I can manage.

R Are you sure? Well, have a nice evening Mr. Hilton and please let us know if you need anything during your stay. Just dial 0 on your phone. My name is Sujin, or any of my colleagues will be happy to help at any time.

G Thank you.

G 오, 그래요? 기억하는가 보죠, 고맙습니다.

R 힐튼 씨, 우리 호텔 시설은 기억하시죠? 혹시 제가 다시 설명해 드려도 될까요?

G 아니오, 기억하고 있어요, 고맙습니다.

R 그것 잘 되었습니다. 힐튼 씨, 그런데 최근에 바를 새롭게 단장하여서 분위기가 좋습니다. 식사 전에 한번 들려서 음료나 한잔해 보시는 것도 좋을 것 같습니다. 재방문에 감사드리며 무료음료권을 드릴 테니 바에 한번 들려 보시기 바랍니다. 새롭게 단장된 바를 보시면 좋아하실 것 같습니다. 저, 힐튼 씨, 엘리베이터는 왼편에 있습니다. 짐은 거기에 남겨 두시면 객실에 보내드리도록 하겠습니다.

G 아니오, 괜찮아요. 내가 가져가도록 하지요.

R 괜찮으시다고요? 즐거운 저녁시간되십시오. 힐튼 씨. 체류기간에 불편하신 점이 있으면 연락을 주시기 바랍니다. 전화 0을 누르시면 기꺼이 도와 드리겠습니다. 저는 수진입니다. 저나 우리 동료들이 언제든지 기꺼이 도와드릴 것입니다.

G 고맙습니다.

Chapter 3

Front Desk Cashiering Service

프론트데스크 영업회계 서비스

Money Exchange 환전

A guest comes to the front desk and wants to exchange currencies.

G Guest C Front Desk Cashier

◆ Currency exchange at the front desk

C Good evening, sir. How may I help you?

G I would like to change American dollars to Korean won.

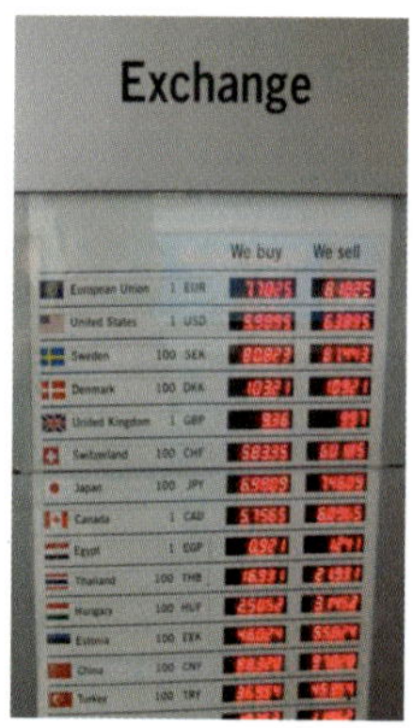

C It's $100.

C The rate for today is 1,036 won to $1.

G It's cheaper than in a bank, right?

C Yes, we have a 0.3% commission rate.

C So that will be 103,600 won.

C Would you please sign the voucher?

G Do I put my signature here?

Situation 1

고객이 프론트데스크에 와서 환전을 요청할 때 활용되는 대화 내용

G 고객 C 프론트데스크 회계원

◆ 프론트데스크 환전업무

C 안녕하십니까? 무엇을 도와드릴까요?

G 미국달러를 한화로 환전을 해주십시오.

C 100달러이군요.

C 환율은 1달러에 1,036원 입니다.

G 은행보다 싸지요?

C 예, 0.3%의 환전 수수료가 붙습니다.

C 100달러이면 103,600원이 되겠습니다.

C 이 환전증서에 서명해 주시겠습니까?

G 여기 이 난에 서명합니까?

C Yes, please. Sign there, and put your passport number down here.

C Here is two 50,000 won notes, three 1,000 won notes, six 100 won coins.

Giving Change 거스름돈 건네기

A guest comes over to the front desk and wants to have his money changed.

G Guest **C** Front Desk Cashier

◆ Breaking money at the front desk

G Good afternoon. Can I break this bill?

C Sure. How much is it? (seeing a $100 bill)

C How would you like that?

G Ten $10 bills please.

C 예, 그곳에 서명하시고 그 밑에 여권번호를 기입해 주십시오.

C 여기 50,000원권으로 2매, 1,000원권으로 3매, 100원짜리 주화 6개입니다.

Situation 2

고객이 프론트데스크에 와서 환전을 요청할 때 활용되는 대화 내용

G 고객 C 프론트데스크 회계원

◆ 프론트데스크에서 거스름돈 바꾸기

G 안녕하세요, 잔돈으로 바꿀 수 있나요?

C 예, 바꿀 수 있습니다. 얼마짜리입니까? (100달러 지폐를 보면서…)

C 어떻게 바꿔 드릴까요?

G 모두 10달러짜리로 주세요.

Guest Check-out Service 고객 퇴숙 서비스

A guest is ready to leave the hotel. So he calls the front desk to inform the staff of his departure and requests check-out related services such as bag delivery, mini-bar checking and bill payment information to save his check-out time.

G Guest F Front Desk Cashier

◆ Check out service 1

G I am Mr. Jackson in room 2134. I will be leaving at 2 O'clock. right after lunch. Please send someone to collect my bags and prepare my final bill.

F Yes, sir. Mr. Jackson. I will send a bellman to your room and inform the front cashier about your check out. By the way, the hotel's check out time is 12:00, so if you want to stay until 2 O'clock, there will be a 1/3 additional charge. Do you need any transportation service from the hotel to the airport?

G No problem. My associate will pick me up. I will accept the additional charge. I also need someone to check my mini bar.

F Do not worry about it, sir. I will send the room service waiter to your room.

Situation 3a

고객이 호텔을 떠날 준비를 하고 있다. 따라서 시간을 절약하기 위해 프론트데스크에 전화를 하여 가방 옮기기, 미니바 확인, 지불정산 등 퇴숙에 관련된 서비스를 이행해 줄 것을 요청하였다.

G 고객 F 프론트데스크 회계원

◆ 고객 퇴숙 서비스 1

G 저는 객실 2134에 머물고 있는 잭슨입니다. 저는 점심 식사를 마치고 2시경에 출발하려 합니다. 저의 계산서를 준비해 주시고, 누구를 보내서 제 짐을 좀 내려 주시기 바랍니다.

F 예, 잘 알겠습니다. 잭슨 씨. 벨맨을 보내서 짐을 내리도록 하고, 프론트 캐셔에게 계산서를 준비하도록 조치를 취하겠습니다. 그런데 호텔의 퇴숙 시간은 12:00시이고, 만약 2시간을 더 계시겠다면 일일 객실요금의 1/3을 더 내셔야 합니다. 호텔에서 공항으로 가실 교통편을 마련해드릴까요?

G 괜찮습니다. 회사동료가 데리러 올 겁니다. 추가요금은 드리도록 하지요. 그리고 누구를 보내서 미니바도 체크해 주시기 바랍니다.

F 염려마시기 바랍니다. 룸서비스 직원을 객실로 보내드리도록 하겠습니다.

Guest Check-out Service 고객 퇴숙 서비스

A guest has already called the front desk to inform the staff he is leaving and has asked them to be ready to clear his balance. He is ready to leave the hotel as soon as he finishes paying. Now he is approaching the front desk cashier.

F Front Cashier G Guest

◆ Check-out service 2

F Good morning. How may I help you, sir?

G Yes. I am Jackson in room 2134. I would like to check- out, please.

F Certainly, sir. One moment, please. It won't take a long time.

G Please can you separate the bill since my company will pay the room charge and I will pay the remaining balance.

F Here you go, sir. It is 675,000 won for the room and 345,000 won for your other services. How would you like to pay?

G Credit card, please. Do you accept VISA?

F Yes, we do. You are all set, sir. I hope you enjoyed your stay with us.

G It was a wonderful stay. I will recommend your hotel to my friends.

Situation 3b

고객은 벌써 프론트에 자신의 퇴숙을 알렸고, 지불정산을 부탁해 둔 상태이다. 정산이 끝나자마자 곧 출발할 준비는 완료되었다. 지금 프론트 회계원에게 다가가고 있다.

F 프론트 회계원 G 고객

◆ 고객 퇴숙 서비스 2

F 안녕하십니까? 무엇을 도와드릴까요?

G 예, 나는 잭슨인데, 객실 2134입니다. 퇴숙 절차를 진행해 주십시오.

F 잘 알겠습니다. 곧 도와 드리겠습니다. 조금만 기다려 주시기 바랍니다.

G 객실요금은 회사가 내고, 나머지는 내가 내어야 할네니 계산서 따로 작성해 주십시오.

F 여기 있습니다. 객실요금은 675,000원, 그 외의 것은 325,000원이 나왔습니다. 계산은 어떻게 하시겠습니까?

G 카드로 하지요. 비자카드를 받습니까?

F 예, 이제 다 정리가 되었습니다. 저희 호텔에서 즐거운 시간을 보내셨기를 희망합니다.

G 아주 좋았습니다. 내 친구들에게 당신네 호텔을 추천할 예정입니다.

F Here's your copy of your bill. Please come again. Have a nice trip, sir.

Guest Check-out Service 고객 퇴숙 서비스

A guest is approaching the front desk and is about to check-out.

F Front Cashier **G** Guest

◆ Check-out service 3

F Good morning. How was your stay with us, sir?

G It was nice. The facilities were comfortable, services were outstanding, and the scenery around the hotel was beautiful. I had a memorable stay with you. Thanks.

F Would you like to check out now, Mr. Brown?

G Yes. I would.

F Did you buy any items from the mini-bar, Mr. Brown?

G Yes, I drank some mini-liquor bottles from the refrigerator and my wife took something from the snack area.

F In that case, we'll check the snack area in your room right away and then we will calculate the balance for you.

F 여기 신용카드 영수증이 있습니다. 다시 찾아 주시기 바랍니다. 즐거운 여행되시기 바랍니다.

Situation 3c

고객이 퇴숙을 위해 프론트로 다가오고 있다.

F 프론트 회계원 G 고객

◆ 고객 퇴숙 서비스 3

F 안녕하십니까? 편안히 쉬셨습니까?

G 좋았습니다. 시설은 편안했고, 서비스는 최고였으며, 주변의 경관도 좋았어요. 당신들과 편안한 밤을 보냈습니다. 고맙습니다.

F 브라운 씨, 지금 퇴숙하시겠습니까?

G 예, 그렇습니다.

F 브라운 씨, 미니바를 이용하셨습니까?

G 예, 나는 미니바에 있는 미니어처를 몇 개 마셨고, 집사람은 진열장에 있는 물품 몇 개를 가져왔어요.

F 그럼 곧 확인하여 계산을 해 드리도록 하겠습니다.

G Thank you.

F I'm sorry to keep you waiting.

F This is your bill. Could you check the balance, please?

G All right. No problem.

F How would you like to settle your account, Mr. Brown.

G Please put it on my VISA card.

F Thank you for staying with us, Mr. Brown. I hope to see you next time. Have a nice trip.

Front Office Quality Service 프론트 오피스 고품질 서비스

Handing Exceeding Guest Expectations

◆ Guest Contact Techniques

1. Friendliness.

"Good morning/evening. May I help you"

2. Courtesy.

Show each guest attention and personalized service. "Nice to see you, Mr. Smith."

G 그렇게 하십시오.

F 기다리게 해서 죄송합니다.

F 사용내역입니다. 확인을 해 주시겠습니까?

G 좋습니다. 틀리는 게 없는 것 같습니다.

F 계산은 어떻게 하시겠습니까?

G 저의 비자카드로 결재해 주시기 바랍니다.

F 브라운 씨, 우리 호텔에 투숙해 주셔서 고맙습니다. 다음 또 뵙겠습니다. 즐거운 여행되시기 바랍니다.

Situation 4

고객의 기대치를 능가하는 서비스 제공

◆ 고객접점 테크닉

1. 우호적인 인사

"안녕하십니까? 무엇을 도와 드릴까요?"

2. 친절성

모든 고객에게 관심을 보이며, 개별적인 서비스를 제공. "스미스 씨 난나서 반갑습니다."

3. Empathy.

Treat guests as individuals and show you are sensitive to their feelings. "I understand."

4. Responsive.

Take care of guests needs personally or work with others to make sure the job gets done. "I'm glad to help."

◆ Anticipating and Meeting Guest Expectations

1. Read the guest.

For example, a business man looks like he is in a hurry.

2. Determine the need.

The business man wants fast and rapid service.

3. Meet the guest's needs before they ask.

The business man would probably like a wakeup call. "Would you like a wakeup call in the morning?"

◆ Serving Guests who have Special Needs

1. International Guests

a. Don't refer to them as foreign! Refer to them as international guests.

b. Speak slowly and clearly if their language skills are limited.

3. 감정이입

개개인의 고객을 특별한 관계로 보며, 그들의 느낌에 민첩하게 반응을 보임. "제가 이해합니다."

4. 반응성

고객의 요구를 개별적으로 돌보아 드리며, 동료와 함께 그 일이 완성되도록 노력함. "고객을 도와드리게 되어 기쁩니다."

◆ 고객의 기대를 인지하고, 맞춰가기

1. 고객이 원하는 것을 읽어내기

예를 들면, 비즈니스맨은 매우 바빠 보인다.

2. 고객이 필요로 하는 사항을 결정하기

비즈니스맨은 빠르고 신속한 서비스를 원한다.

3. 고객이 요청하기 전에 먼저 고객이 필요로 하는 사항을 인지

아마 비즈니스맨은 제 시각에 깨워 주기를 원할 것이다. "아침에 깨워드릴까요?"

◆ 특별한 요청이 있는 고객에게 서비스하기

1. 외국인 투숙객

a. 외국인 고객이라는 것보다 국제인이라고 생각하자.

b. 언어소통이 잘 되지 않는 고객에게는 천천히 말하자. 시각적

Visual aids and gesture will help to convey a message. Do not talk louder.

c. Describe language services provided by the hotel.

2. Senior Travelers

a. Be considerate of changes in eyesight.

b. Speak clearly and distinctly.

c. Be considerate of any physical limitations.

d. Assign assessable and convenient rooms.

3. Guests with Disabilities

a. Stay aware of what your property has to offer to meet expectations of guests with disabilities.

b. Know facilities and services for disabled guests.

c. Speak directly to the person with the disability.

d. Be considerate of the guest capabilities.

e. Offer assistance.

인 것이나 몸짓도 메시지를 전달하는 데 도움이 될 것이다. 큰 소리로 말하지 않도록 하자.

c. 호텔이 제공할 수 있는 다양한 외국어 서비스에 대해 설명하도록 하자.

2. 노년층 여행객

a. 눈이 잘 보이지 않음을 고려하자.

b. 말은 명확하게 구별하여 하자.

c. 육체적으로 활동이 자유롭지 못함을 알자.

d. 출입이 편안한 객실을 제공하자.

3. 장애인 고객

a. 장애인 고객을 위해 호텔이 제공해야 하는 서비스에 대해 숙지하고 있자.

b. 장애인 고객에게 제공할 수 있는 시설과 서비스에 대해 숙지하고 있자.

c. 장애인에게 직접 말할 수 있도록 하자.

d. 장애인 고객이 할 수 있는 것에 대해 고려해 보자.

e. 도움을 제공하자.

Chapter 4

Guest Relations Officers

고객관리담당

Guest Relations Officer Service (GRO's Service)

고객관리담당서비스(GRO의 서비스)

A GRO meets a guest in the lobby. The guest is filing a number of complaints.

G Guest O GRO

◆ GRO's Service

G Excuse me.

O How may I help you, sir/madam?

G My room key doesn't work. Can you check it for me?

O Yes, I will check it right away.

O We are so sorry it's out of order. We'll make a new card key for you.

G Okay and can you also make another for my wife?

O Yes, of course. Here you are.

O Was there any other issues that I could address besides your

Situation 1

GRO가 고객과 로비에서 만나 대화를 나눈다. 고객은 다양한 서비스를 요청하고 있다.

G 고객 O GRO직원

◆ 고객관리담당서비스

G 부탁이 있는데요.

O 무엇을 도와 드릴까요?

G 객실 키가 고장인 것 같아요. 확인해 봐 주시겠어요?

O 예, 바로 확인해 보겠습니다.

O 죄송합니다. 고장이 났군요. 객실 키를 다시 만들어 드리겠습니다.

G 우리 집사람에게도 하나 만들어 주시겠어요?

O 예, 물론이죠. 여기 있습니다.

O 어젯밤 객실 키를 고치고 난 후에 문제는 없었죠? 혹시 문제가 발

key? If so, please feel free to contact us any time. Thank you very much.

G It's okay. No problem at all. You are so kind. There is one more issue.

G My room is 2012. Could you send somebody to check the light in the room?
The room floor lamp is not working right now.

O I'm very sorry, sir. I'll send a person who'll check and fix it right away.

G Excuse me, I am looking for the APTA conference room.

O This conference will be held on the 2nd floor.

GRO's Guest Escort Service GRO의 고객안내 서비스

A GRO greets a VIP guest at the lobby and escorts him to his room.

G Guest **O** GRO

◆ GRO's guest escort service

O Good morning/afternoon/evening, sir.
Welcome to the World Best Smile Hotel.
I am the GRO, Sunny Park. I would like to escort you to your room.

생하면 언제든지 연락해 주시기 바랍니다. 대단히 감사합니다.

G 괜찮아요. 문제가 없습니다. 참 친절하시네요. 고맙습니다.

G 2012호실인데요, 객실 전등이 들어오지 않습니다. 누구 좀 보내 주시겠어요?

O 고객님, 대단히 죄송합니다. 제가 전등을 고칠 수 있는 사람을 곧 보내드리겠습니다.

G 죄송합니다. APTA 회의실은 어디에 있습니까?

O 말씀하신 행사는 2층에서 진행될 예정입니다.

Situation 2

GRO가 VIP 고객을 로비에서 맞이하여 객실로 안내한다.

G 고객 O GRO 직원

◆ GRO의 고객안내 서비스

O 안녕하십니까? 월드베스트스마일호텔에 오신 것을 환영합니다. 저는 GRO 서니 박입니다. 제가 고객님을 객실로 안내해드리도록 하겠습니다.

O How much luggage do you have? Our bell attendant will bring your luggage to your room right away.

O How was your trip?

G I enjoyed it very much but there was so much traffic on the way here.

O That's too bad. You seem tired. I will show you your room.

O Would you come this way, please? Your room is on the 15th floor.

O This way, please, Mr. McDonald.

G The scenery is beautiful here.

O Thank you. Your room number is 2020.

O Please confirm the details of your reservation and address, then sign at the bottom of the registration card.

O If you have any special membership card or airline card with you, would you please give us the number?

G Yes, I have a skypass card. Do you have any joint programs with Korean Air to get points for air mileage?

O Yes, we have a worldwide joint promotion with Korean Air for one month only during February 2008. You are able to get 500 miles per night stay.

O 가방은 몇 개입니까? 조금 후에 벨맨이 가방을 객실로 가져갈 것입니다.

O 여행은 어떠하셨습니까?

G 즐거운 여행이었지요. 그러나 오는 도중에 거리가 매우 복잡했습니다.

O 그렇지요. 참 피곤하시겠습니다. 제가 안내해 드리도록 하겠습니다.

O 이쪽으로 오시겠습니까? 고객님의 객실은 15층에 있습니다.

O 이쪽입니다. 맥도날드 씨.

G 전경이 참 좋네요.

O 고객님의 객실은 2020실입니다.

O 예약조건과 주소가 맞는지 확인해 주시기 바랍니다. 등록카드 하단에 서명을 해 주시겠습니까?

O 투숙 시 특별한 멤버십 카드나 항공사 제휴카드가 있으면 번호를 알려 주시겠습니까?

G 예, 저는 스카이패스 카드를 가지고 있습니다. 대한항공과 함께 운영하는 공동프로그램이 있나요?

O 예, 2008년 2월엔 대한항공과 우리 호텔체인의 전 호텔이 공동프로모션을 실시하고 있습니다. 고객님은 일일 체류마다 항공사의 마일리지를 500점씩 받게 됩니다.

O Do you need a wake up call tomorrow morning?

G Can you wake me up at seven o'clock in the morning?

O Yes, I will have the service express department wake you up at seven o'clock.

O If you need a car to the airport tomorrow, please feel free to let me know.

O Thank you. Have a nice stay with us.

G Thank you.

Executive Club Lounge Concierge Service
귀빈층 라운지 컨시어지 서비스

An executive club lounge concierge greets a VIP guest, escorts him to his seat, and offers a number of services.

G Guest C EC Concierge

◆ Executive club lounge concierge service

C Good morning, Mr. Smith.

C Mr. Smith. Would you write your room number and sign this, please?

C How many guests are with you, sir/ma'am?

O 내일 아침 모닝콜이 필요하십니까?

G 아침 7시에 깨워 주시겠어요?

O 서비스 익스프레스 부서에 연락하여 아침 7시에 깨워 드리도록 하겠습니다.

O 내일 공항으로 가실 때 차량이 필요하면 말씀해 주시기 바랍니다.

O 감사합니다. 편히 쉬시기 바랍니다.

G 고맙습니다.

Situation 3

조식을 준비한 귀빈층 담당자가 고객을 맞이하고, 자리에 안내하며, 다양한 서비스를 제공한다.

G 고객 C 컨시어지

◆ 귀빈층 라운지 컨시어지 서비스

C 안녕하십니까? 스미스 씨.

C 스미스 씨, 객실번호와 서명을 부탁드립니다.

C 일행이 몇 분입니까?

G Four in total.

C Would you come this way, please?

C We have a continental breakfast buffet. Would you like to have something to drink? We have coffee and green tea.

C Would you care for another drink, sir/ma'am?

C I am sorry, but your additional guests will be charged for their food and beverages in the Executive Club Lounge.

Executive Club Lounge Happy Hour Service
귀빈층 라운지 해피아워 서비스

A guest comes to the executive club lounge after happy hour at 20:30.

G Guest **S** EC Concierge Service

◆ Executive club happy hour service

S How may I help you?

G I was wondering if it is still happy hour.

S I'm sorry but our operationing hours are already finished. We are preparing for breakfast. We are open from 6:30AM to 11:00PM.

S If you would like, we are able to provide orange juice and coffee free of charge.

G 4명입니다.

C 이쪽으로 오시겠습니까?

C 우리는 뷔페형의 대륙식 조찬을 준비하고 있습니다. 음료를 드시겠습니까? 커피와 녹차가 준비되어 있습니다.

C 음료를 더 드시겠습니까?

C 실례지만 고객님이 초청하신 외부고객께서 이용하신 식음료는 요금을 받게 됩니다.

Situation 4

20:30 Happy Hour 영업시간이 끝난 후 찾아온 손님에게 응대하는 요령

G 고객 S 귀빈층 라운지 컨시어지

◆ 귀빈층 해피아워 서비스

S 손님 어떻게 오셨습니까?

G 해피아워를 이용하고 싶은데 가능하겠습니까?

S 죄송합니다만 영업시간은 벌써 끝났습니다. 저희들은 아침 식사를 준비하고 있습니다. 영업시간은 오전 6시 30분부터 오후 11시까지입니다.

S 괜찮으시다면 오렌지 주스와 커피는 무료로 제공해 드릴 수 있습니다.

Executive Club Meeting Arrangement Service
귀빈층 회의실 준비 서비스

A VIP guest requests a GRO or an executive club lounge concierge permission to use a meeting room.

G Guest C EC Concierge

◆ Executive club lounge concierge service

G I am going to have a brief meeting with my client at the hotel this morning. Is it possible to use one of your small meeting rooms?

C Yes, we have a private meeting room on the 10th floor. Executive Club guests are able to use the meeting room (private room) for two hours complimentarily.

C When would you like to reserve the meeting room? How many guests will take part in the meeting?

G We need it around 11:00AM and six people will attend the meeting.

C Let me check if the private room is available or not. Please wait for just a little while.

C It is free. So, we will reserve it for you for two hours from 11:00 to 1 O'clack. After using the two complimentary hours, the fee is 30,000 won per hour.

Situation 5

GRO 또는 귀빈층 담당자에게 회의실을 빌려달라는 요청을 받게 된다.

G 고객 C 클럽 컨시어지

◆ 귀빈층 클럽라운지 컨시어지 서비스

G 오늘 오전에 나의 고객과 간단한 회의를 해야 하는데 적당한 공간을 빌려줄 수 있나요?

C 예, 10층에 별실이 있습니다. 귀빈층 고객께서는 소회의실을 2시간 동안 무료로 이용할 수 있습니다.

C 소회의실은 언제 쓰실 것인지요? 그리고 참석하실 인원수도 말씀해 주시기 바랍니다.

G 11시에 회의를 가지게 되고, 6명이 참석할 예정입니다.

C 별실 예약이 가능한지 확인을 해 보겠습니다. 잠시만 기다려 주시기 바랍니다.

C 좋습니다. 11시부터 2시간 예약을 해 두고, 준비를 하겠습니다. 2시간 이후는 매 시간당 30,000원을 징수하게 됩니다.

Information for Air Flight Service 항공편 시간 안내

A GRO or an executive club lounge concierge answers questions about a flight reservation and ticket.

G Guest C EC Concierge

◆ Executive club lounge concierge service

G Could you please confirm my flight, Ms. Lee?

C Would you give me your flight schedule in detail, please?

C May I make a copy of your flight ticket?

C Would you wait for a moment here while I confirm your flight, please? Or may I leave a message for your room after confirmation?

C Your flight was reconfirmed as follows: OX007, Oct. 28, 20:05, Seoul to Toronto, PNR Code 310-0001. Thank you.

C Do you have any seat preference? I'll get a seat arranged for you.

C How would you like to change your flight, sir? Would you like to change the date and time only, or airline company?

C May I extend your stay according to the flight schedule you've changed?

G The ticket price is much cheaper downtown than at the airport.

Situation 6

GRO 또는 귀빈층 담당자에게 항공예약이나 항공권에 대한 질문을 받게 된다.

G 고객 C 클럽 컨시어지

◆ 귀빈층 클럽라운지 컨시어지 서비스

G 저의 비행기 예약을 좀 확인해 주시겠습니까?

C 비행기 예약을 상세히 알려 주시기 바랍니다.

C 항공권을 복사해도 되겠습니까?

C 항공 스케줄을 재확인하는 동안 좀 기다려 주시겠습니까? 그렇잖으면 확인 후에 객실에 메시지를 남길까요?

C 고객님의 항공편은 아래와 같이 확인되었습니다. 10/28일 20:05 서울-토론토, 확인번호 310-0001입니다. 감사합니다.

C 선호하시는 좌석이 있습니까? 좌석 배치를 미리 해 두겠습니다.

C 고객님의 항공편을 어떻게 변경해 드릴까요? 날짜, 시간만 바꿔 드릴까요? 또는 항공사도 바꿔드릴까요?

C 변경하신 비행기 일정에 맞춰 숙박기간도 연장하시겠습니까?

G 항공권의 가격은 공항에서보다 시내에서 더 저렴하게 구입합니다.

Chapter 5

Service Express(Telephone Operators)

특급안내서비스(교환실 업무)

Service Express 특급안내서비스

The telephone operator deals with incoming, outgoing and wake-up calls.

G Guest E Service Express Agent

◆ Incoming calls

E Good morning, the World Best Smile Hotel. How may I help you?

G Good morning, This is Mr. Park from Bexco. May I have extension 1010, please?

E Good morning, Service Express, Ms. Lee speaking. How may I help you?

E Thank you for waiting. I'll connect you.

G Could you connect me to the room reservations, please?

E I'll connect you to the reservation department. Thank you for calling the World Best Smile Hotel.

E If you don't mind, could you give me the guest name?

Situation 1

교환실에 외부와 내부에서 오는 전화, 그리고 모닝콜을 처리하는 내용으로 구성되어 있다.

G 고객 E 특급안내서비스 직원

◆ 외부전화 받기

E 안녕하십니까? 월드베스트스마일호텔입니다. 무엇을 도와드릴까요?

G 안녕하십니까? 벡스코에 근무하는 박이라고 합니다. 1010호에 연결해 주시기 바랍니다.

E 안녕하십니까? 서비스 익스프레스, 이입니다. 무엇을 도와드릴까요?

E 기다려 주셔서 고맙습니다. 연결해 드리겠습니다.

G 객실예약과 좀 연결해 주시기 바랍니다.

E 예약부서에 연결해 드리겠습니다. 월드베스트스마일호텔에 전화를 주셔서 고맙습니다.

E 죄송합니다만, 투숙한 손님의 성함을 주시겠습니까?

E If you don't mind, could you call again after checking the name?

E I'm afraid the line is busy.

E Could you repeat that, please?

E Could you speak slower, please?

E Could you speak a little louder, please?

E I'm afraid there's no guest with that name.

E I'm afraid you have the wrong number.

G Hello, this is Mr. West in room 1020. Could you give me a wake-up call at 7:30 tomorrow morning?

E Good Morning! Mr. West. This is your 7:30 wake up call. The weatherman said it will be very cold today. Have a nice day.

E Good Morning Mr. Smith. This is your wake up call for 06:00. By the way, the current temperature is 12 degrees Centigrade (53.6 Fahrenheit) and the expected high today will be 23 degrees Centigrade (73.4 Fahrenheit). Thank you and have a nice day, Mr. Smith.

E Do you want a second wake up call?

E The receiver seems to be on another line or unavailable.

E 죄송합니다만, 고객님의 성함을 확인하신 후에 다시 전화를 주시겠습니까?

E 죄송하지만 통화 중입니다.

E 다시 말씀해 주시겠습니까?

E 천천히 말씀해 주시겠습니까?

E 조금 크게 말씀해 주시겠습니까?

E 죄송합니다만, 그런 성함을 가진 고객님은 안 계십니다.

E 전화를 잘못 거신 것 같습니다.

G 안녕하세요. 1020에 투숙하는 웨스트입니다. 내일 아침 7시 30분에 깨워 주시기 바랍니다.

E 안녕히 주무셨습니까? 웨스트 씨. 부탁하신 대로 7시 30분에 깨워드립니다. 일기예보에 의하면 오늘은 대단히 추울 것이라고 합니다. 좋은 하루 되십시오.

E 안녕하십니까? 스미스 씨, 6시에 깨워드립니다. 현재의 실외 온도는 섭씨 12도(화씨 53.6도)이고, 오늘 낮 최고온도는 섭씨 23도(화씨 73.4도)가 될 것으로 봅니다. 즐거운 하루 되시기 바랍니다. 고맙습니다.

E 다른 시각에 다시 한번 깨워드릴까요?

E 수화기가 잘못 놓여진 것 같습니다.

Room Service Order Taking 룸서비스 주문받기

The operating room gets room service orders now. Here are examples of room service orders.

E Service Express G Guest

◆ Order taking

G I'd like to order some wine. Is it possible to get it in my room?

E Certainly, sir. Would you prefer red or white wine?

E Would you like a glass or a bottle?

G What is the difference between a glass and a bottle order?

E Price-wise, ordering a bottle is a much better deal than ordering a glass.

E Our price ranges from 25,000 won to 125,000 won.

G That's too expensive. Please send 5 bottles of Hineken to my room, please.

E Would you like any snacks or side dishes with your beer?

Situation 2

최근 교환실에서 룸서비스 주문을 받는 경우가 늘어가고 있다. 룸서비스 주문을 받는 과정에 대한 대화이다.

E 특급서비스 직원 G 고객

◆ 음식 주문받기

G 와인을 한잔하고 싶은데요. 객실에서도 마실 수가 있습니까?

E 예, 물론이죠. 레드와인과 화이트와인 중 어느 것을 하시겠습니까?

E 잔으로 하시겠습니까? 또는 병으로 주문하시겠습니까?

G 잔으로 주문하는 것과 병으로 주문하는 것의 차이는 무엇입니까?

E 가격 면에서 잔으로 주문하시는 것보다 병으로 주문하시는 것이 유리합니다.

E 가격은 25,000원에서 125,000원까지 다양하게 있습니다.

G 너무 비싸네요. 객실로 하이네켄 5병을 보내 주십시오.

E 맥주 안주는 무엇으로 하시겠습니까?

Breakfast Order Taking Service 조식 주문받기 서비스

The Service Express Department takes room service orders for breakfast. Guests are offered a number of services.

G Guest E Service Express

◆ Breakfast order

G Good morning, I'd like to have breakfast in my room. Could you take my order, please?

E We have an American breakfast and a continental breakfast. Which one would you prefer?

G I would like to have the American breakfast. What is included with the American breakfast?

E The American breakfast comes with juice, cereal, toast, fruits, eggs and coffee or tea.

E How would you like your eggs cooked?

E Breakfast at the Executive Club is complimentary, but if you order room service, you'll be charged for it.

E I'm sorry. Children are not allowed to enter the Executive Club Lounge.

E I'm sorry, but that is served only at breakfast.

Situation 3

서비스 익스프레스 부서에서 객실로 배달할 조식을 주문받게 된다. 또한 고객이 필요한 다양한 서비스를 제공하게 된다.

G 고객 E 특급서비스 직원

◆ 조식 주문

G 안녕하십니까? 객실에서 조식을 주문하고 싶은데, 주문을 받을 수 있습니까?

E 저희 호텔은 미식과 대륙식 조식을 제공합니다. 어느 것을 하시겠습니까?

G 미국식 조식이 좋을 듯합니다. 조식은 메뉴가 어떻게 되어 있지요?

E 미국식 조식은 주스, 곡물류, 빵과 토스트, 계란류와 커피 또는 홍차가 제공됩니다.

E 계란은 어떻게 요리해 드릴까요?

E 귀빈층 라운지에서 드시는 식사는 무료이지만, 룸서비스로 주문을 하시면 계산을 하셔야 합니다.

E 어린이는 귀빈층에 출입을 제한받게 됩니다.

E 죄송합니다. 이 메뉴는 아침에만 제공이 됩니다.

E I am sorry, your order is not available on our menu, but I will ask the kitchen if it is possible to prepare what you would like.

E How would you like your steak cooked?

E Room Service menu items are typically smaller portions. Is that alright?

E Room Service menu items are the same as the breakfast menu (lunch menu, dinner menu).

E It will take a little time to prepare, usually about 15 minutes. Do you still want to order it? Or would you like something else?

E Thank you for your order.

Laundry Pick-up and Delivery Service 세탁물 수거와 배달 서비스

A conversation about laundry service is held at the Service Express Department.

G Guest **E** Service Express Agent

◆ Laundry delivery

E When is the latest you would like to deliver your laundry to your room?

E We will send our attendant to your room. Would you please

E 죄송합니다만 주문하신 것이 메뉴에는 없지만 준비가 가능할지 주방에 알아보겠습니다.

E 스테이크는 어떻게 구워드릴까요?

E 룸서비스 메뉴는 양이 적습니다. 괜찮으시겠습니까?

E 룸서비스 메뉴는 아침, 점심, 저녁 식사로 정해져 있습니다.

E 조리시간이 조금 더 걸립니다. 대략 15분 정도는 소요될 것입니다. 괜찮으시겠습니까? 그렇지 않으면 다른 것으로 주문하시겠습니까?

E 주문해 주셔서 고맙습니다.

Situation 4

서비스 익스프레스 부서에서 객실에서 주문받은 세탁물의 서비스에 대해 대화한다.

G 고객 E 특급서비스 직원

◆ 세탁물 배달

E 세탁물은 몇 시까지 객실로 보내드릴까요?

E 직원을 보내드리겠습니다. 세탁물을 문 앞에 놔 주시겠습니까?

put your laundry in front of the door?

G Could you please dry clean my suit and dress shirt within one hour? I have a business meeting with my client downtown at 1:30 PM.

E For our express, one hour laundry service, the fee will be doubled.

G It's okay. Go ahead.

G 13:30에 시내에서 상담이 있는데, 양복을 1시간 이내에 드라이 크리닝해 주고, 셔츠는 세탁을 해 줄 수 있나요?

E 1시간 내 제공되는 특급세탁 서비스는 100%의 요금이 가산됩니다.

G 좋습니다. 시간이 바쁘니 곧 부탁드립니다.

Guest Service

고객서비스

Arrival Guest Service 도착고객 서비스

A conversation is held when the hotel staff greets guests.

G Guest S Guest Service Attendant

◆ Communicate with an arriving Guest

S Welcome to the World Best Smile Hotel, Mr. Rainbow.

S May I offer you valet parking?

S Did you make a reservation?

S Let me escort you to the front desk.

S I'll carry your luggage to your room.

S If you need any assistance, please let me know.
I'll take care of you.

S The airport bus stops here every fifteen minutes.

S Is there anything else I can do for you?

S I'll explain the Executive Club benefits to you.

Situation 1

호텔에 도착한 고객을 맞이하여 안내하는 과정에서 일어나는 대화를 알아본다.

G 고객 S 고객서비스 직원

◆ 도착고객과 대화하기

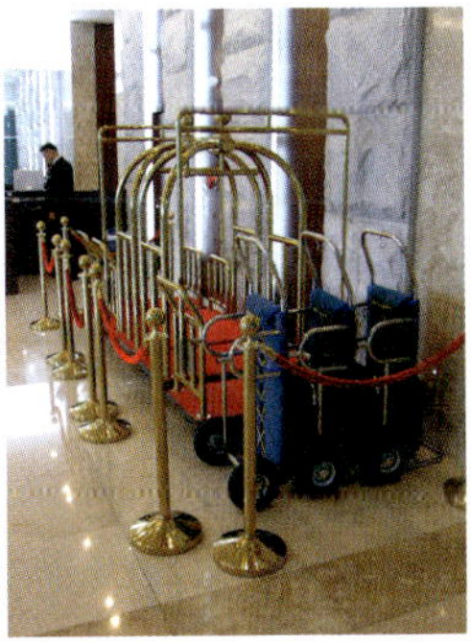

S 레인보우 씨 월드베스트스마일호텔에 오신 것을 환영합니다.

S 제가 대리주차를 해 드릴까요.

S 예약하셨습니까?

S 프론트데스크로 안내해 드리겠습니다.

S 객실로 가방을 갖다드리겠습니다.

S 필요한 게 있으면 알려주십시요. 제가 도와드리겠습니다.

S 공항버스는 여기에 정차하는데, 매 15분마다 옵니다.

S 제가 도와드릴 것이 더 있습니까?

S 귀빈층 혜택에 대해 더 설명해 드리겠습니다.

G Could you bring my suit case?

S Yes, Mr. Rainbow. I'll bring it right away.

G Can you charge my battery?

S Yes, we can charge it for you.

G Would you please tell me where the nearest convenience store is?

S How many bags do you have?

S I'll guide you to the front desk.

Guestroom Escorting Service 객실안내 서비스

A bell attendant escorts a guest to his room after the registration procedure. He explains the hotel facilities and services to the guest on the way to the room.

G Guest **S** Guest Service Attendant

◆ Conversation while escorting the guest to their room

S Let me introduce our hotel's facilities to you.

S We have an Irish pub restaurant, O'Kim's on your left. At the Panorama lounge you can drink coffee or juices. It's located on the lobby floor.

G 제 짐을 좀 가져다 주시겠어요?

S 예, 레인보우 씨. 곧 가져다 드리겠습니다.

G 제 휴대폰 배터리 충전을 좀 해주시겠어요?

S 예, 해 드리겠습니다.

G 여기서 가장 가까운 편의점이 어디 있나요?

S 가방은 몇 개입니까?

S 프론트데스크로 안내해 드리겠습니다.

Situation 2

고객이 등록을 마치고 난 후 Bell Attendant가 고객을 객실로 안내한다. Bell Attendant는 고객을 안내하여 객실로 가는 도중에 호텔의 시설과 서비스에 대해 고객에게 설명을 한다.

G 고객 **S** 고객서비스 직원

◆ 고객을 객실에 안내하면서 대화

S 저희 호텔의 이용시설에 대해 안내해 드리도록 하겠습니다.

S 고객님의 왼쪽에 오킴스 아이리쉬 풍의 식당이 있고, 커피와 주스를 마실 수 있는 파노라마 라운지가 로비층에 있습니다.

S We have three types of restaurants, Momoyama, a Japanese restaurant is on the lower level floor, Peninsula, a Western style restaurant is on the lobby floor, and Seorabeol, a Korean restaurant is on the second floor.

S Could you show me your room number, please?

S This is your room.

S I'll show you how to use the key.

S Put your key into the space and pull it out.

S Touch your key on the lock surface.

S Room lights are here and there.

S There are soft drinks, alcoholic beverages, and more in the minibar.

S The air conditioner controller is located on the side of the window.

S You can manage all of the lights, air circulation, heating, curtains, TV, and music through this remote controller.

S If you wish to use the Internet in your room, there will be a charge of 7,000 won per hour, or 16,000 won per day.

S 저희 호텔에는 3개의 식당이 있습니다. 모모야마 일식당은 지하 1층에, 페닌슐라 양식당은 1층에, 서라벌 한식당은 2층에 있습니다.

S 객실 번호 좀 보여 주시겠습니까?

S 여기가 고객님의 객실입니다.

S 키 사용법을 알려드리겠습니다.

S 키를 넣었다가 빼내어 주십시오.

S 키를 락 표면에 대어 주십시오.

S 객실등은 여기와 저기에 있습니다.

S 미니바에는 청량음료, 술과 그 밖의 음료들이 있습니다.

S 에어컨 조절기는 창가에 있습니다.

S 여기에 있는 이 리모콘으로 객실전등, 공기조절, 난방, 커튼, 텔레비전, 음악 등을 조절할 수 있습니다.

S 객실에서 인터넷을 사용하면 1시간에 7,000원, 하루에는 16,000원을 부과하게 됩니다.

S We have a hot spring spa, fitness center, and swimming pool on B1.

S If you want to exercise at the gymnasium, we provide sport shirts, pants, and running shoes free of charge.

S In the situation of an emergency, you are able to go out through the end of the right and left aisle.

Guest Service 고객서비스

Information and recommendations for transportation is provided for a guest who wants to take a city tour to famous places and markets.

G Guest S Guest Service Attendant

◆ Recommend a Taxi or a Bus to Downtown

G Excuse me, how do I get to downtown Busan?

S It will take about 40 minutes from here to downtown by taxi at this time. You can take a bus or subway, too.

S I'd suggest that you take a taxi.

S Do you need a cab/taxi?

S It takes one hour to get there.

G Where is the subway station?

S 지하 1층에 온천, 체력 단련실, 수영장이 있습니다.

S 체력 단련실에서 운동을 하실 경우, 셔츠, 바지, 신발을 무료로 빌려드립니다.

S 비상시에는 왼쪽과 오른쪽 복도를 통해 나가실 수 있습니다.

Situation 3

고객이 교통편을 이용하여 부산의 명승지, 시장 등을 둘러보려고 한다. 이 때 다양한 안내와 교통편을 추천할 수 있다.

G 고객 S 고객서비스 직원

◆ 시내로 가는 택시 또는 버스 추천하기

G 죄송하지만, 부산의 도심에는 어떻게 갈 수 있나요?

S 지금 가시려면 부산시내까지 택시로 약 40분 정도가 소요될 것입니다. 택시나 버스를 타실 수도 있습니다.

S 저는 택시를 권해 드리고 싶습니다.

S 택시를 타시겠습니까?

S 거기까지는 택시로 1시간 걸립니다.

G 지하철역은 어디에 있습니까?

G I want to go to Jagalchi Market. How can I get there?

S Go straight to the main street and you can find it.

S I'm sorry, but we have a no tipping policy.

S I will give you a hotel business card in case of an emergency.

Guest Information Service 고객안내서비스

Example conversations held at the hotel concierge desk

G Guest S Guest Service Attendant

◆ Various Information for Hotel Guests

G May I speak to someone in accounting?

S Let me connect you with that department.

S May I tell her who's calling?

S Whom do you want to talk/speak with?

G Please connect me to the manager on duty.

S She is not available. Can I take a message?

S Could I have her call you back?

S Who else is coming?

G 자갈치 시장을 가고 싶습니다. 어떻게 갈 수 있을까요?

S 큰 도로로 나가시면 쉽게 찾을 수 있습니다.

S 죄송하지만 우리는 규정상 팁을 받을 수가 없습니다.

S 만약을 위해 택시 신고카드를 드리겠습니다.

Situation 4

호텔 컨시어지 데스크에서 있을 수 있는 대화

G 고객 S 고객서비스 직원

◆ 호텔고객에게 제공하는 다양한 안내서비스

G 안녕하십니까? 관리부 좀 바꿔주십시오.

S 고객님께서 말씀하신 부서로 연결해 드리도록 하겠습니다.

S 누구시라고 전해 드릴까요?

S 누구를 바꿔드릴까요?

G 당직지배인 좀 연결해 주십시오.

S 그녀는 자리에 안 계십니다. 메시지를 남겨 드릴까요?

S 전화해 드리라고 할까요?

S 누가 더 오십니까?

S What brings you to Korea?

S How long have you been in Korea?

S What are you looking for, ma'am?

G I'm looking for a gift shop. Is there a shop in the hotel?

S Yes, there is a luxury shop on level B2. You can take an elevator down there.

S We have just the right thing for you.

S It's a top seller.

S It is a really good buy.

S Could you think of anything else you need?

S They are hard to come by.

해운대 해수욕장

부산 해운대구에 위치한 해운대 해수욕장은 넓은 백사장과 아름다운 해안선을 자랑하고 있으며 얇은 수심과 잔잔한 물결로 해수욕장의 최적 조건을 갖추고 있다. '부산' 하면 제일 먼저 떠올리는 곳이 해운대 해수욕장이라고 할 만큼 부산을 대표하는 명소이며, 해마다 여름철 피서객의 규모를 가늠하는 척도로 이용될 만큼 국내 최대 인파가 몰리는 곳이기도 하다. 특히 해안선 주변에 크고 작은 빌딩들과 고급 호텔들이 우뚝 솟아 있어 현대적이고 세련된 분위기의 해수욕장으로 유명하기 때문에 여름 휴가철뿐만 아니라 사시사철 젊은 열기로 붐비고 해외 관광객들에게도 잘 알려져 있어 외국인들이 많이 찾는 곳이다.

▶교통 : 도시철도 2호선 해운대역(3, 5번 출구) → 해운대 해변로 방면 600m
▶홈페이지 : http://sunnfun.haeundae.go.kr

S 무슨 일로 한국에 오셨습니까?

S 한국에 오신 지 얼마나 되었습니까?

S 무엇을 찾고 계십니까?

G 선물가게를 찾는데요. 호텔 내에 가게가 있나요?

S 예, 지하 2층에 멋진 가게가 있습니다. 저 건너편 엘리베이터를 이용하시면 됩니다.

S 고객님께 딱 맞는 물건이 있습니다.

S 그것은 불티나게 팔립니다.

S 그것은 아주 싸게 사시는 겁니다.

S 그 밖에 필요하신 것은 없으신시요?

S 그것은 구하기가 어려운 물건입니다.

Response to Guest Complaints 고객불평에 대응하기

A guest makes complaints about the service during his checking out. The front desk personnel responds to those complaints.

G Guest A Front Desk Agent

◆ Complaints about inconveniences when the guest is checking out

A Good morning, Mr. Obama. May I help you?

G Good morning. I'd like to check out.

A We thought you were staying two more nights, Mr. Obama.

G Well, yes, I was going to, but I've decided to leave today.

A I hope it's not because of any problems with our service ….

G Well, in fact, I was not too pleased with your service.

A I am sorry to hear that. Mr. Obama, would you tell me what displeased you?

G Well, first of all, the bathroom in my room was not very clean. There was hair in the drain and dust on the sink.

A I'm very sorry, Mr. Obama. I will report that to the manager on duty, and it won't happen again.

G And then some of the staff couldn't speak English well. They

Situation 5

고객이 퇴숙하면서 체류기간에 있었던 여러 가지 불만을 털어 놓고, front desk agent 가 이에 대응하고 있는 상황

G 고객 A 객실영업 담당직원

◆ 고객이 퇴숙할 때 불편했던 점에 대해 듣기

A 안녕하십니까? 오바마 씨. 무엇을 도와 드릴까요?

G 안녕하십니까? 퇴숙을 하려고 합니다.

A 저희는 오바마 씨가 2일간 더 계시는 것으로 알았습니다.

G 예, 그랬지요. 그러나 오늘 출발할 예정입니다.

A 저희들의 서비스가 좋지 않아서 조기 퇴숙하시는 것은 아니길 바랍니다만 ….

G 실은 서비스가 좋지 않아 기분이 언짢았습니다.

A 죄송합니다. 오바마 씨, 무슨 일로 기분이 그렇게 상하셨는지 말씀해 주시겠습니까?

G 먼저 방 청소가 제대로 되어 있지 않았어요. 하수구엔 머리카락이 있고, 세면대엔 먼지가 그대로 있었어요.

A 당직지배인에게 보고하도록 하겠습니다. 그리고 이런 일이 다시 일어나지 않도록 만전을 기하겠습니다.

G 또한 직원들이 영어를 잘 못하여 안내를 제대로 해 주지 않아 나

gave me the wrong information, so my schedule got mixed up.

A I'm so sorry, sir. We'll try to better train our staff. Of course, I'll report that to the Department Head.

G And one other thing, my room had a strange smell to it, which I really didn't like. I think it could've been the heater.

A The heater, Mr. Obama.

G Yes, I think so, it was a strange kind of burnt smell….

A We've never had that problem before, sir, but I will also report that to the manager on duty. Well, is there anything else?

G No, that's all, but there should be more attention to detail in the future.

A Can I convince you to stay two more nights as you were scheduled, Mr. Obama? We will change your room to the other side and give you an additional discount. We can assure you more satisfactory service. Please give us another chance, sir.

G Well, all right, I accept your apologies and will take your offer. I will try the other room. Thank you for your help.

A You're welcome. Thank you very much. Have a nice stay with us.

의 일정에 차질이 빚어졌어요.

A 죄송합니다. 교육을 잘 시키도록 하겠습니다. 물론 부서장에게 보고를 하도록 하겠습니다.

G 마지막으로 방에 이상한 냄새가 나던데, 내 생각으로는 히터에서 나는 것 같았어요.

A 오바마 씨, 히터에서라고요.

G 예, 그렇게 생각합니다. 이상한 타는 냄새랄까….

A 전에는 그런 일이 전혀 없었는데, 이것도 당직지배인에게 보고하여 조치를 취하도록 하겠습니다. 그 밖에 다른 것은 없습니까?

G 이제 됐어요. 그렇지만 좀 더 신중을 기하셔야 할 겁니다.

A 오바마 씨, 일정대로 더 머무시면 안 되겠습니까? 저희가 다른 편에 있는 방으로 옮겨드리고, 할인도 더 해드리도록 하겠습니다. 또한 완벽한 서비스를 제공하도록 하겠습니다. 저희에게 다시 기회를 주시기 바랍니다.

G 그럼 당신의 사과와 제안을 받아들이도록 하지요. 다른 방으로 주시지요. 주의를 기울여 주어 고맙습니다.

A 천만에요. 저의 제안을 받아 주셔서 고맙습니다. 즐거운 체류가 되시기 바랍니다.

Chapter 7

Gymnasium, Spa, and Swimming Pool

체육관, 온천, 수영장

Gym and Spa 체육관과 온천 사우나

A guest is coming to the spa desk to use the fitness center and the hot spa.

G Guest H Gym and Spa Attendant

◆ Greeting Gym and Spa Guests

H Good morning (afternoon, evening). Welcome to Venetian Fitness Center.

H Our fitness center is one of the finest in Korea. We have a gym, a swimming pool and a men's and women's sauna. We also have an outdoor sun deck on the second floor.

G What are your operating hours?

H We are open from 6:00AM to 10:00PM.

H Would you like to use our facility? Can I have your room number?

Situation

고객이 호텔의 부대시설인 헬스장과 온천을 이용하기 위해 스파 데스크로 다가오고 있다.

G 고객 H 체육관, 온천 사우나 담당직원

◆ 체육관과 온천 사우나 고객 맞이하기

H 안녕하십니까? 베네치안 클럽에 오신 것을 환영합니다.

H 저희 피트니스 센터는 우리나라에서 최고의 스포츠클럽으로서 체력 단련실, 수영장, 남여 사우나가 있습니다. 2층에 가시면 일광욕을 할 수 있는 공간도 마련이 되어 있습니다.

G 영업시간이 어떻게 됩니까?

H 이용시간은 오전 6시에서 오후 10시입니다.

H 클럽을 이용하시겠습니까? 죄송하지만 객실번호를 좀 알려 주시기 바랍니다.

H Our fitness center is a private club. Members and room guests are only allowed to use it.

H Please fill your name and room number on this registration form here.

H Could you please show me the room key?

G How much does it cost?

H There is the price for the spa but we offer a 50% discount for room guests. It'll be 16,500 won per person.

H Which facility would you like to use today?

H Children under the age of 13 are only allowed to use the swimming pool.

H Money and valuables must be deposited in a safety deposit box at the reception desk.

H I'm sorry for the inconvenience, but we ask that you do not bring food or drinks into the club facilities. If you would like something to eat or drink, please order it to room service. You can reach them by dialing "0".

H Would you be interested in our exfoliating body scrub? You can have the exfoliating body scrub at the spa and it costs 18,000 won.

H 저희 클럽은 회원제로 운영되므로 회원과 객실 고객만 입장이 가능합니다.

H 성함과 객실번호를 이 기록장에 기입해 주시기 바랍니다.

H 객실 키를 보여 주시겠습니까?

G 요금은 얼마를 냅니까?

H 온천은 요금을 받습니다. 그러나 객실손님에게는 50%의 할인 혜택을 드려서 16,500원을 받습니다.

H 저희 클럽은 13세 미만의 어린이는 수영장만 이용이 가능합니다.

H 오늘은 어느 시설을 이용하시겠습니까?

H 귀중품은 리셉션 데스크에 꼭 맡겨 주시기 바랍니다.

H 죄송하지만 저희 클럽 내에는 외부의 음식을 반입할 수 없음을 말씀드립니다. 혹시 식음료를 필요로 하시면 룸서비스에 주문을 해 주시기 바랍니다. 0번에 전화하시기 바랍니다.

H 바디 스크러빙 서비스를 원하십니까? 바디 스크러빙 서비스는 사우나 내에서 제공되며, 요금은 1회에 18,000원입니다.

H Would you like to have a massage? You can have a massage at the hot spa by a male attendant or at the barbershop by a female attendant. Which one would you like?

H Would you like to have a massage? You can have a massage at the hot spa or at the beauty salon. Which one do you prefer?

G Are there any massage service attendants?

H Yes, we can provide a massage or we offer an exfoliating body scrub service. You are able to get male or female attendants.

G How long will it take?

H It takes about 20 minutes to get the exfoliating body scrub service. A massage will take about 40 minutes.

G Can you arrange a service for me in 30 minutes?

H I'm afraid that we are fully booked for today. How about tomorrow?

H Please keep in mind that you should wear a swim suit and a swimming cap.

G Where can I rent a swimming cap?

H We have swimming caps for sale only.

H We ask that you wear workout clothes and sneakers in the

H 마사지 서비스를 원하십니까? 사우나에서는 남자직원이 서비스를 제공하고, 이발소에서는 여자직원이 마사지 서비스를 제공합니다. 어느 것을 원하십니까?

H 마시지를 원하십니까? 사우나에서 제공하는 것과 미용실에서 제공하는 것이 있습니다. 어느 것을 선호하십니까?

G 마사지 서비스를 받을 수 있나요?

H 예, 저희 클럽은 마사지 또는 바디 스크러빙 서비스를 제공할 수 있습니다. 남녀 종업원이 제공하는 서비스를 받을 수 있습니다.

G 시간은 얼마나 걸리나요?

H 바디 스크러빙 서비스는 약 20분, 마사지 서비스는 약 40분이 소요됩니다.

G 30분 후에 서비스를 받을 수 있겠습니까?

H 죄송합니다만 오늘은 예약이 마감되었습니다. 내일 이용하시는 것이 어떨지요?

H 수영복과 수영모를 반드시 착용하여 주시기 바랍니다.

G 수영모를 어디에서 빌릴 수 입습니까?

H 수영모는 빌려드리지 않고 판매를 하고 있습니다.

H 체력 단련실에서는 운동복과 운동화를 착용하셔야 합니다.

gymnasium.

H Do you need workout clothes and sneakers?

H We have workout clothes and sneakers for rent.

H We have workout clothes at the reception desk and sneakers are in the shoe cabinet in the gymnasium.

H 운동복과 운동화는 필요하십니까?

H 운동복과 운동화는 빌려드리고 있습니다.

H 대여용 운동복은 리셉션 데스크에 비치되어 있으며, 대여용 운동화는 체력 단련실의 신발장에 있습니다.

Chapter 8

Housekeeping Service

하우스키핑 서비스

Room Cleaning Service 객실정비서비스

A room maid will knock on the door of the guest room to make-up the room. When she knocks the door, she asks, "May I come in?" a couple of times in order to avoid embarrassing moments, although the door is open.

G Guest R Room Maid

◆ Room cleaning service

R Room maid. May I come in? May I come in, please? (The guest opens the door for her and lets her in)

R Good morning, sir. If you need any help cleaning the room, please let me know. If you do not mind, I would like to make up your room sir. Do you know about our "green card service" for the environment?

G Yes, I understand and will take the green card service today and tomorrow.

R Yes, sir. It will take 20 minutes to clean the room.

Situation 1

객실을 청소하기 위해서 객실정비원이 고객의 방문을 노크한다.
일반적으로 객실정비원은 객실에 들어 갈 때 객실내부의 고객이 당황하는 상황을 피하기 위해 문이 열려 있더라도 "들어가도 좋습니까?"라는 말을 여러 번 반복하여 하게 된다.

G 고객　R 객실정비원

◆ 객실정비서비스

R 객실정비원입니다. 들어가도 되겠습니까? (고객이 객실의 현관문을 열고 들어오게 한다.)

R 안녕하십니까? 필요하신 것이 있으시면 저에게 알려 주시기 바랍니다. 지금 청소를 하여도 좋겠습니까? 저희 호텔에서는 그린카드 서비스를 실시하고 있습니다.

G 예, 알고 있어요. 그럼 오늘과 내일 그린카드 서비스를 택하겠습니다.

R 객실 청소는 20분쯤 소요됩니다.

G Please take my laundry for the regular service and do some light starch on my white shirts.

R Yes, it will be back at 5 o'clock this afternoon.

G Okay. Thanks

Second Service and Guest's Requests
객실정비원의 부수적인 업무와 고객 대응

Before the room maid finishes her day, she checks the guest room for the second service such as turn-down service and refilling guest room amenities. Upon her arriving at the door, she greets each guest by calling their names.

R Room Maid **G** Guest

◆ Room maid service

R Good afternoon, sir. It's the room maid, may I come in please?

R If you do not mind, I would like to do a turn-down service for you and to refill your amenities. If you need anything from housekeeping, please let me know, sir.

G Yes. please.

R Turn down service is done. Is there anything else I can do for you, sir?

G 보통 서비스로 세탁물을 좀 부탁합니다. 와이셔츠는 풀을 가볍게 해주기 바랍니다.

R 예, 알겠습니다. 오후 5시에 완성됩니다.

G 고맙습니다.

Situation 2

객실정비원이 업무를 마감하기 전, 담당 객실에 들러서 턴다운 서비스와 편의품 추가 비치 업무를 진행한다. 객실에 들어가면서 고객의 성함을 부르면서 인사를 한다.

R 객실정비원 **G** 고객

◆ 객실정비원 서비스

R 안녕하십니까? 들어가도 되겠습니까?

R 괜찮으시다면, 턴다운 서비스와 고객용 편의품을 보충하려고 합니다. 그리고 객실관리부서에서 도와드릴 것이 있으면 말씀해 주시기 바랍니다.

G 예, 그렇게 하십시오.

R 턴다운 서비스를 마쳤습니다. 더 필요하신 것이 있으신지요?

G Well, I think I need some more blankets for my wife. Could you get them for me, please?

R Yes, it is my pleasure. I will get them from housekeeping right now.

G Thanks. Is it possible for me to get some hot tea by myself in my room?

R Yes, it is. I will set up an individual tea set for you.

G Thanks. I appreciate your helpful service.

R You're welcome, sir. It's my pleasure. Have a good evening.

Housekeeping Order Taking Service
하우스키핑 고객요청 접수서비스

In the housekeeping department, there is a complaint and service request telephone line for guests.

G Guest **O** Housekeeping order taker

◆ Guest Request

O Good afternoon, Housekeeping, Ms. Lee speaking. May I help you?

G Yes, please. I have some problems in my room, 2124. Number one, the room is a little cold. Number two, my television

G 저~, 집사람을 위해 담요가 조금 더 있으면 좋겠습니다.

G 예, 하우스키핑에서 곧 가져다 드리도록 하겠습니다.

G 객실에서 따뜻한 차를 직접 준비해서 마실 수 있습니까?

R 예, 가능합니다. 개별 티 세트를 준비해 드리도록 하겠습니다.

G 고맙습니다. 멋진 시비스이네요.

R 천만예요. 편안한 저녁시간 보내시기 바랍니다.

Situation 3

객실관리부에서는 고객의 불평과 체류 중 발생하는 서비스를 접수하기 위한 접수요원 직책이 있어 고객으로부터 전화로 주문사항을 받아서 기록한다.

G 고객 O 하우스키핑 고객요청 접수요원

◆ 고객요청

O 안녕하십니까? 객실관리부 미스 리입니다. 무엇을 도와드릴까요?

G 예, 객실 2124에서 문제가 있습니다. 우선, 객실이 좀 추운 편입니다. 그리고 TV가 잘 나오지 않습니다. 누구를 보내서 손봐주시

set is not working. Can you send someone to my room now?

O I will send the repairman and housekeeper right away. While you are waiting for them, could you try adjusting the room thermostat up on the wall first?

G Thanks.

O You're welcome. They will be arriving soon. Have a nice day, sir.

Lost and Found Service 분실물 보관 서비스

A guest tells the hotel staff that his wife lost her gold ring and she can't find it. The hotel staff sets the guest at ease, reports to the housekeeping department, and looks for it for the guest.

H Hotel employee **G** Guest

◆ Lost & Found service

H Good afternoon, Mr. Jackson. How are you today?

G Well, I do not feel very good because the room was cold last night.

H That's too bad. Did you report it to housekeeping?

G No. On top of that, my wife lost her gold ring somewhere in the hotel, but we could not find it.

기 바랍니다.

O 수리담당과 하우스키퍼를 보내겠습니다. 기다리시는 사이 손님께서 객실 온도 조절기를 먼저 조절해 보시겠습니까?

G 고맙습니다.

O 천만에요. 그들이 곧 도착할 것입니다. 즐거운 하루되시기 바랍니다.

Situation 4a

객실고객이 호텔직원을 만나서 서로 인사를 하는 도중 아내의 반지를 잃어버린 사실을 털어 놓고 걱정하고 있다. 호텔 직원은 고객을 안심시키고, 하우스키핑에 확인해서 고객의 분실물을 찾아 드린다.

H 호텔직원 G 고객

◆ 분실물 보관 서비스

H 잭슨 씨, 안녕하십니까? 오늘 어떠세요?

G 저~. 어젯밤 객실이 추워서 지금 별로 좋지 않네요.

H 뭔가 잘못되었군요. 객실관리부서에는 연락을 하셨습니까?

G 아니오, 게다가 설상가상으로 집사람이 호텔 내 어디에서 금반지를 잃어 버렸습니다. 지금껏 찾지 못하고 있어요.

H I will tell the housekeeping personnel and have someone check the logbook and then I will let you know. Mr. Jackson, may I have your room number, please?

G I am in room 1123.

H We have a very well organized lost and found system, so please be patient and not do not worry about it, sir.

G Thank you, please inform us as soon as you find it.

Lost and Found Service 분실물 보관 서비스

A couple of minutes later, the hotel employee checked housekeeping for the lost and found items and found the gold ring there. Then he called the guest.

H Hotel employee **G** Guest

H I found the gold ring your wife lost yesterday. It has been kept in lost and found. I will bring it to your room right away, sir.

G I am so glad to hear that and my wife will be very happy because that gold ring was a birthday gift.

H 잭슨 씨, 하우스키핑 담당자에게 연락하여 분실물 대장부터 확인해 보도록 하겠습니다. 객실번호를 좀 알려 주시겠습니까?

G 저는 객실 1123에 있습니다.

H 우리 호텔의 분실물처리제도가 잘 되어 있어서 염려하지 않으셔도 될 것입니다. 너무 걱정하지 마시기 바랍니다.

G 그렇게 해 주시기 바랍니다.

Situation 4b

몇 분 후에 그는 객실관리부서에 분실물을 확인하여 금반지가 있음을 확인하고, 고객에게 연락을 한다.

H 호텔직원 G 고객

H 어제 금반지가 분실물로 접수된 것이 있습니다. 제가 객실에 가지고 가도록 하겠습니다. 확인해 주시기 바랍니다.

G 찾았다니 다행입니다. 아내의 생일 선물인데 매우 기뻐할 것 같습니다.

Laundry Service 세탁서비스

In the housekeeping department, laundry services are available including dry cleaning, pressing, and laundry. Two hour express service and regular service are available for hotel guests. Service is also available for outside guests.

G Guest V Valet order taker

◆ Laundry valet service

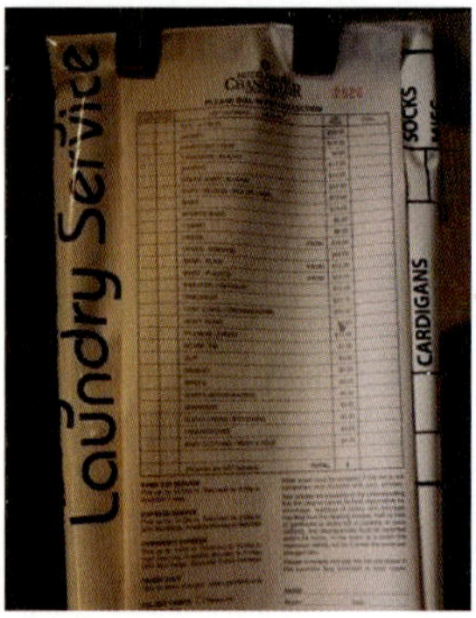

V Good morning? This is laundry service. Mr. Kang speaking. May I help you?

G Yes, please. I am in room 2134 and have some laundry.

V Please fill out the laundry request form and sign it. Then please put your items in the laundry bag. If you are in a hurry now, please put the bag outside of your room door.

G Okay. I will do that.

V Do you have anything that you want back within two hours?

G No. I want them all regular service by 6:00 PM.

Situation 5

하우스키핑 부서에서는 물세탁, 기름세탁, 다림질을 해주는 세탁서비스가 있다. 2시간 긴급서비스와 보통서비스가 투숙객을 위해서 가능하다. 또한 외부고객을 위한 세탁 서비스도 가능하다.

G 고객 V 세탁물 주문담당자

◆ 세탁물 배달 서비스

V 안녕하십니까? 세탁서비스 강입니다. 무엇을 도와드릴까요?

G 예, 객실 2134에 세탁물이 좀 있습니다.

V 세탁 요청서를 기입하여 주시기 바랍니다. 그리고 서명하신 후에 세탁물을 모두 세탁물 자루에 담아서 객실문 밖에 놓아 주시기 바랍니다.

G 예, 그렇게 하겠습니다.

V 혹시 2시간 내 서비스를 원하는 품목이 있습니까?

G 아니오. 오후 6시까지 보통서비스로 세탁해 주시기 바랍니다.

Communications for Housekeeping Service
하우스키핑 서비스에 대한 대화

Commen conversations between housekeeping staff and guests. The conversations they may have are as follows.

G Guest H Housekeeping personnel

◆ Guest request

H Welcome to the World Best Smile Hotel, Busan.

H May I clean the room now?

H Shall I clean the room later?

H When would you like me to clean your room?

G I'm going out at 2:00 and will be back at 5:00. Can you clean my room while I'm out?

H Yes, sir. Is there anything else you need?

H I will be with you in a minute, sir/madam.

H I've just finished cleaning the room.

H Do you need anything else?

H Is it okay if I take it out?

Situation 6

객실관리부서 직원들은 고객이 체류하는 도중 대화를 할 수 있는데, 대부분 아래와 같은 대화를 하게 된다.

G 고객 H 하우스키핑 직원

◆ 고객요청

H 월드베스트스마일호텔에 오신 것을 환영합니다.

H 지금 객실정비를 해 드릴까요?

H 객실정비를 나중에 할까요?

H 언제쯤 객실정비를 해 드릴까요?

G 오후 2시에 외출할 예정입니다. 5시에 돌아올 예정이니 그동안 정비를 좀 해 주시기 바랍니다.

H 잘 알겠습니다. 그 외에 필요하신 것은 없습니까?

H 곧 정비를 해 드리도록 하겠습니다.

H 막 그 객실의 청소를 끝냈습니다.

H 필요한 것이 더 있습니까?

H 이것을 빼내어도 될까요?

H When will you check out today?

H Could I do the turn down service for you?

H Would you like me to set up the baby crib?

H I will fill the ice bucket for you.

H This is a non-smoking floor.

H Where are you from?

H Please, this way to the elevator, sir.

H I'm sorry, sir. It's my fault.

H After you, sir or madam.

H Did you have a good time today?

H Have a nice trip.

H I hope you have a nice stay with us, good night!

H 오늘 몇 시에 퇴숙하시겠습니까?

H 턴다운 서비스를 해 드릴까요?

H 아기 침대를 넣어 드릴까요?

H 얼음을 채워드리겠습니다.

H 여기는 금연층입니다.

H 어디에서 오셨습니까?

H 이쪽으로 가시면 엘리베이터가 나옵니다.

H 죄송합니다. 그것은 저의 실수입니다.

H 고객님이 먼저 가시지요.

H 오늘 즐겁게 보내셨습니까?

H 즐거운 여행 되십시오.

H 편안한 시간이 되시기 바랍니다. 편히 쉬시기 바랍니다.

Letters of Thanks

February, 2014

Please accept our deepest gratitude for the outstanding service we received both prior to and during our stay at the World Best Smile Hotel. We truly appreciated all of the time and energy that you and the rest of the front desk staff put into making us feel welcome and comfortable with the World Best Smile Hotel. In fact, the friendliness and warmth of the staff is a big reason why we chose the World Best Smile Hotel for our wedding site. Of course, also the beauty and charm of the Royal Court Suite and the Sherwood Room. Your suggestions and tips were very useful in helping us prepare for our ceremony in the Sherwood Room, and all of our guests were very impressed by the hotel and the room itself.

The Royal Court Suite was just perfect. It was roomy enough for all of our guests to gather after the ceremony, and so extravagantly furnished that our friends thought we spent far more than we had! We loved that we had a large sitting area for our guests, and that the two bathrooms could accomodate everyone so easily. We also enjoyed the feeling of being pampered by coming in to our room to find complimentary water, toiletries, and newspapers, not to mention the coffee and tea and the outstanding cleaning service.

2014년 2월

저희가 월드베스트스마일호텔에 오기 전 그리고 머무는 동안 우리가 받은 특별한 서비스에 대하여 깊은 감사를 드립니다. 저희들이 월드베스트스마일호텔에 온 것에 대해 반갑게 맞아주시고 편안하게 느끼도록 모든 시간과 에너지를 아낌없이 투입해 주신 당신과 프론트데스크 직원들에게 진심으로 감사를 드립니다. 사실은 모든 직원들의 친절함과 따뜻함은 저희들이 월드베스트스마일호텔을 저희의 결혼식장으로 선택한 이유의 절반에 불과합니다. 나머지 절반은 로열코트 스위트와 셔우드 룸에 드리고 싶습니다. 당신의 제안과 세심한 배려는 저희들이 셔우드 룸에서 예식을 준비하는 데 많은 도움이 되었고, 참석한 손님전원이 호텔과 객실 상태에 대해 깊은 감명을 받았습니다.

로열코트 스위트는 완벽했습니다. 참석한 모든 손님들이 예식 후 모여서 즐기기에 충분한 공간을 제공하였을 뿐만 아니라, 모든 시설이 잘 준비되어 있어 제 친구들이 제가 지출한 비용보다 더 많이 지출했을 것이라는 생각을 할 정도였습니다. 손님들이 앉을 수 있는 곳도 충분했고, 두 개의 화장실은 모든 손님이 이용하기에 충분했다고 생각합니다. 또한 저희가 객실에 들어왔을 때 무료로 제공되는 물과, 화장품류, 그리고 신문 등은 커피와 티 그리고 완벽한 청소서비스를 언급하지 않더라도 마음껏 즐길 수 있어 무척 즐거웠습니다.

Our only regret is that we could not stay longer to enjoy the wonderful comforts of the hotel. The staff, including both yourself and everyone we met at the hotel, went above and beyond in their attention to detail and the gracious service they provided to us and our guests. I have never had a more positive, comfortable, or pampered experience at a hotel than I had this weekend at the World Best Smile Hotel. Thank you from the bottom of our hearts for your help in making our wedding weekend so incredible. It looks like we'll just have to book again on our anniversary! :-)

Thank you again,

Melanie & Joel

한 가지 후회되는 점은 저희들이 호텔의 편안함을 즐기기 위해 좀 더 오래 머물렀으면 했지만 그러지 못했다는 것입니다. 당신을 포함해서 호텔에서 만난 모든 직원들이 꼼꼼하고 친절하게 저희와 손님들에게 주의를 기울여 주셨습니다. 이번 주의 월드베스트스마일호텔에서의 경험은 긍정적이고, 편안하고, 마음껏 즐길 수 있었다는 측면에서 이전에 경험해 보지 못한 것 이었습니다. 저희의 결혼식 주말을 멋있게 만들어 주신 것에 대해 진심으로 감사드립니다. 다음에도 우리들의 결혼기념일을 위해 다시 예약을 해야 할 것 같습니다.

다시 한번 감사드립니다.

멜라니와 조엘

February 15, 2014

I am not sure about my personal characteristics of class, but I do know that the other qualities, standards, and expectations that I look for were completely and exceedingly satisfied with my recent stay.

The World Best Smile Hotel is an exquisite hotel. Don't change a thing, especially the well appointed and comfortable bathrooms.

In spite of being awakened at 4:00 AM with a fire alarm, and having to descend nine flights of stairs, the overall impression of my stay is positive.

Sincerely,

Gerald

2014년 2월 15일

저는 저의 개성이 당당하기도 하고, 혹은 시대를 초월하는 특징을 가지고 있는지에 관해서는 확신을 가지고 있지 않습니다만, 제가 추구하는 것으로 품질, 표준 그리고 기대치가 최근 호텔에서의 체류가 완벽하고 충분하게 충족되었다는 것은 확신합니다.

월드베스트스마일호텔은 매우 훌륭합니다. 절대 아무것도 바꾸지 마시기 바랍니다, 특히 잘 정돈되고, 편안한 욕실은 그대로 두시기 바랍니다.

화재 경보 소리에 새벽 4시에 깨어, 9개 층의 계단을 뛰어 내려가야만 했음에도 불구하고 전체적인 저의 호텔 체류는 상당히 긍정적이었습니다.

김사힙니다.

제랄드

November 10, 2014

We want to thank you and your staff for all the courteous service you extended to us during our stay over the November 4th weekend. Everyone made us feel very welcome and our stay like a home away from home. No request was too much and we truly appreciate each and everyone, from our maid to the front desk staff, the doormen to yourself.

As we told you, we were in Busan for a special occasion, a wedding of dear friends from Seoul. Our stay at the World Best Smile Hotel made the weekend even more special.

When we next return, we shall definitely call the World Best Smile Hotel for reservations. We congratulate you on your fine staff and thank you all once again.

Most sincerely.

Thomas and Barbara

2014년 11월 10일

지난 11월 넷째 주말에 호텔에 머무는 동안 친절하게 서비스를 해 주신 당신과 직원들에 대해 감사를 드립니다. 모든 직원들이 저희들을 환영해 주셨고 마치 멀리 있는 또 다른 집에 머무는 것 같았습니다. 아무 요청도 하지 않았지만 객실서비스에서 프론트데스크, 도어맨, 그리고 당신을 비롯한 모든 직원들에게 진심으로 감사를 드립니다.

당신에게 언급했듯이 저희는 서울 친구 결혼식에 참석하기 위해 부산을 방문하였습니다. 월드베스트스마일호텔에서의 체류는 지난 주말을 더욱 특별하게 만들어 주었습니다.

저희가 다시 부산에 방문하게 되면 당연히 월드베스트스마일호텔에 예약을 할 것입니다. 당신께서 탁월한 직원을 가지고 계신 것을 축하합니다. 그리고 다시 한번 감사드립니다.

대단히 감사합니다.

토마스와 바바라

August 15, 2014

Just my own note to personalize our gratitude. My wife and I had a great experience staying in your Hotel. Our only regret is that we weren't able to stay for an extra night to see "The Robot Competition" playing downstairs. You have a very unique Hotel and I will happily recommend it to my 3,100 members of the Producers Guild. I also look forward to staying with you whenever I come back for Busan Regional 참터 business.

Thanks again, the Royal Suite was... "royal treatment."

- Vance

2014년 8월 15일

감사의 표시를 개인적으로 하고자 이 쪽지를 남깁니다. 저의 아내와 저는 당신의 호텔에서 훌륭한 경험을 하였습니다. 한 가지 후회되는 점은 하룻밤 더 머물지 못해 아래층에서 벌어진 로봇경진대회를 보지 못하였다는 것입니다. 당신의 호텔은 독특하여, 저는 저희 생산자조합의 3,100명 조합원에게 흔쾌히 이용을 권장할 것입니다. 물론 제가 부산지역 지부에 비즈니스차 방문할 때마다 당신의 호텔에 체류할 것입니다.

감사드리고, 로열스위트에서는… "귀족 같은 대접을 받았습니다."

- 반스

June 10, 2014

My daughter and I stayed at the World Best Smile Hotel in Busan earlier this week and had an extraordinary visit. We checked in on Sunday and planned to check out and go to the airport on Tuesday at noon. Around 11:00 AM Tuesday my daughter began experiencing a severe allergic attack. I scrambled to cancel and reschedule our travel plans in the midst of caring for her as her condition worsened. The concierge, Robert Finney, and Dorothy Song at the front desk were absolutely wonderful about helping me manage this crisis. Dorothy extended our checkout time while I waited to see whether medication and rest would correct the situation.

When it didn't, Robert telephoned the airlines to cancel our flights, and then he telephoned the nearest hospital emergency room so I could speak with them. When we decided to take her to the hospital he immediately hailed us a taxi and gave directions. When we returned from the hospital later that afternoon, Dorothy offered us anything we needed to be comfortable while my daughter recuperated throughout the night.

I must commend these two people on their excellent customer service, patience, and helpfulness. I don't know how I would have managed this serious health crisis without their help. I remember thinking over and over again how glad I was that we had cancelled a reservation at the Hilton in favor of staying at

2014년 6월 10일

저의 딸과 저는 금주 초에 월드베스트스마일호텔에 체류를 하였고 특별한 방문경험이었습니다. 저희는 일요일에 투숙하였고 화요일에 퇴실하여 정오경에는 공항에 도착할 예정이었습니다. 화요일 오전 11시 경 저의 딸에게 심한 알레르기 증세가 시작되었습니다. 딸의 상태가 점점 악화되는 것을 보고 저는 딸을 돌보는 가운데 여행스케줄을 황급히 취소하고 재조정하였습니다. 프론트데스크의 컨시어지에 근무하는 로버트와 도로시는 저의 이러한 위급상황을 잘 헤쳐 나갈 수 있도록 도움을 주었습니다. 약을 복용하고 휴식을 취함으로써 딸의 상황이 호전될 때를 기다리는 가운데 도로시는 퇴실시간을 연장해 주었습니다.

상황이 호전되지 않자 로버트는 항공사에 전화를 하여 비행기 예약을 취소하여 주었고, 그리고 근처의 병원 응급실에 전화하여 의사와 통화할 수 있도록 해 주었습니다. 저희가 딸을 병원으로 옮기기로 결정을 했을 때 그는 즉시 택시를 불러 운전기사에게 병원의 위치를 알려 주었습니다. 저희가 그날 오후 병원에서 호텔로 돌아왔을 때, 도로시는 딸아이가 회복하기 위해 밤새도록 고생하는 동안 저희가 편안히 있을 수 있도록 여러 가지 도움을 주었습니다.

저는 이 두 분께서 탁월한 고객서비스, 인내심, 그리고 봉사정신을 가진 것을 칭찬해 드리고 싶습니다. 저는 두 분의 도움이 없었으면 어떻게 그 난관을 극복하였을지 모르겠습니다. 저는 힐튼호텔의 예약을 취소하고 월드베스트스마일호텔에 머물기로 했던 것이 얼마나 다행이었는지를 다시 생각하게 됩니다. 저희가 월드베스트스마

the World Best Smile Hotel. We would not have had the help and personal service there that we experienced at the World Best Smile Hotel. Dorothy and Robert made a very frightening situation much easier on me and my daughter. I am so grateful that we were at your hotel, and although it was our first visit, it will not be our last. I have been telling everyone about your wonderful, humble, personal, charming hotel and staff. We'll steer as many people your way as possible!

Please extend our sincerest thanks to Robert, Dorothy, and all the staff that made our stay wonderful in spite of the crisis. We so very much appreciated their understanding and helpfulness.

- Jane

일호텔에서 경험한 도움과 서비스는 아마 월드베스트스마일호텔이 었기에 가능하지 않았을까 합니다. 도로시와 로버트는 저와 저의 딸의 어려운 상황을 잘 극복하도록 도와주었습니다. 저는 당신의 호텔에 머문 것을 기쁘게 생각하며, 비록 이번이 첫 번째 방문이었지만, 마지막이 아니라는 것은 확신합니다. 저는 주위의 사람들에게 훌륭하고, 인간적이며, 참신한 호텔 직원들에 대해 이야기하였습니다. 저는 가능한 많은 사람들이 당신들과 같이 행동하도록 추진할 것입니다.

비록 위급상황은 있었으나 저희가 편안히 체류할 수 있도록 도와주신 로버트와 도로시, 그리고 호텔 직원 여러분께 진심어린 감사를 전합니다. 당신들의 이해와 도움에 대하여 감사드립니다.

- 제인

호텔영어 1000문장 익히기

P·A·R·T 2

Food and Beverage Operations

Chapter 9

Restaurant Reservations

레스토랑 예약

Telephone Call for Happy Day Restaurant Reservations

해피데이 레스토랑에 전화로 예약하기

A guest is making a call to the food and beverage department to reserve a seat in the restaurant.

G Guest O Reservation officer

◆ Reservation for restaurant

O Good morning, the Happy Day Restaurant Mr. Kim Chul-Soo speaking. How may I help you?

O I'm sorry, I can't hear you. would you repeat yourself, please?

O Yes, I can hear you now. What can I do for you?

G I would like to reserve a table for four people at 6:30 Saturday evening. I wonder if we could have a table with a nice view.

O Yes, a table for four is reserved for you at 6:30 Saturday evening. You would like a seat by the window with a sea view. I'll see if a table with a sea view is available on that day.

Situation 1

고객이 레스토랑을 예약하기 위해 식음료 예약부서에 전화하여 예약을 하는 과정에서 일어나는 상황의 대화

G 고객 O 예약담당직원

◆ 레스토랑 예약

O 안녕하십니까? 해피데이 레스토랑 김철수입니다.
무엇을 도와드릴까요?

O 죄송합니다. 전화상태가 좋지 않으니, 다시 한번 말씀해 주시기 바랍니다.

O 예, 지금은 잘 들립니다. 말씀해 주시겠습니까?

G 이번 토요일 저녁 6시 30분에 4명 식사예약을 하고 싶습니다. 전망이 좋은 좌석으로 예약 가능한가요?

O 예, 이번 토요일 저녁 6시 30분에 4명 예약을 해 드리도록 하겠습니다. 손님 죄송합니다만 지금 현재 바다전망을 볼 수 있는 창가 좌석은 예약이 완료되었습니다. 당일 좌석 변경이 가능하면 우선적으로 배정하도록 하겠습니다.

G Thank you. I am Ciao Ryong from the Hong Kong Shanghai Bank and my number is 010-4567-1234.

O Mr. Ryong, would you like to have a buffet or a la carte menu?

G Can we decide at the restaurant on that day?

O Yes, you can.

G Thank you. Try to get us a table with a nice view.

O If there is a cancellation from other guests, we'll call you. Thank for your call.

G See you Saturday. Bye.

Confirm Restaurant Reservations 레스토랑 예약 확인하기

A guest is making a call to the restaurant to confirm his reservation.

G Guest **R** Receptionist

◆ Confirmation for restaurant reservations

G I booked a table for four Saturday evening and I want to confirm it. I'm Ciao Ryong from the Hong Kong Shanghai Bank.

S Mr. Ryong, I'll check. Just a moment, please.

G 그럼 그렇게 해 주십시오. 저는 홍콩 샹하이 은행에 근무하는 Ciao Ryong입니다. 전화는 010-4567-1234입니다.

O Ryong 선생님, 식사는 뷔페와 일품요리 중에 어느 것으로 하시겠습니까?

G 그 날 레스토랑에 도착하여 정할 수도 있지요?

O 예, 그렇게 하셔도 됩니다.

G 좋은 위치의 좌석으로 부탁드립니다.

O 다른 고객의 취소가 접수되면 연락을 드리도록 하겠습니다. 예약해 주셔서 고맙습니다.

G 그럼 토요일에 만나지요. 그럼 안녕.

Situation 2

고객이 식음료 영업장으로 전화를 해서 예약을 확인하는 과정에서 일어나는 상황의 대화

G 고객 R 영접직원

◆ 레스토랑 예약 확인

G 일전에 이번 토요일 저녁식사를 4명 예약했습니다. 예약은 잘 되어 있겠지요. 저는 홍콩 샹하이 은행 Ciao Ryong입니다.

S Ryong 씨, 문의하신 것을 확인해 보겠습니다. 조금만 기다려 주시기 바랍니다.

S Yes, Mr. Ryong. I confirmed your reservation but the seat you wanted is not available yet. We'll keep trying.

G Thank you.

S Thank you for calling. Have a good day, Mr. Ryong.

S Ryong 씨가 예약하신 건은 잘 되어 있습니다. 그렇지만 말씀하셨던 좌석은 아직 결정이 되지 않았습니다. 저희들이 최선을 다해 보겠습니다.

G 예, 잘 알겠습니다.

S 전화 주셔서 고맙습니다. 즐거운 하루가 되시기 바랍니다. Ryong 씨.

Waiter Humor

C Customer W Waiter

W Tea or coffee, gentlemen?

1st C I'll have tea.

2nd C Me, too. And be sure the glass is clean!

(Waiter exits, returns)

W Two teas. Which one asked for the clean glass?

C Waiter, what's this fly doing in my soup?

W Looks like the breast-stroke to me, sir.

C Waiter, there's a flea in my soup

W I'll tell him to hop it.

C Waiter, there's a fly in my soup!

W Yes, sir, it's the hot water that kills them.

C Waiter, there's a dead fly in my soup.

W What do you expect for $1 - a live one?

C Waiter, there is a fly in my soup.

W Sorry, sir, maybe I've forgotten it when I removed the other three.

C 고객 W 웨이터

W 티와 커피 중 어느 것을 드시겠습니까?

1st C 나는 티를 마시겠습니다.

2nd C 나도 티를 마시겠습니다. 그런데 잔은 깨끗한 걸로 주십시오.

(웨이터가 나갔다, 되돌아 왔다)

W 여기 가져 왔습니다. 어느 분이 깨끗한 잔으로 드시겠다고 했나요?

C 웨이터, 파리가 내 스프 속에서 무슨 짓을 하고 있나요?

W 네, 저에게는 접영을 하고 있는 것으로 보입니다.

C 웨이터, 내 스프 속에 벼룩이 있습니다.

W 네, 벼룩에게 밖으로 뛰어나가라고 말하겠습니다.

C 웨이터, 내 스프 속에 파리가 있습니다.

W 네, 스프가 뜨겁기에 파리가 곧 죽을 것이니 걱정하지 마십시오.

C 웨이터, 내 스프 속에 죽은 파리가 있습니다.

W 1달러짜리 음식에서 무엇을 원하십니까? 살아 있는 파리요?

C 웨이터, 내 스프 속에 파리가 있습니다.

W 미안합니다. 다른 세 마리를 건져낼 때 한 마리는 보지 못했습니다.

C Waiter, there is a fly in my salad.

W I'm sorry, sir, I didn't know that you are a vegetarian.

C Waiter, is this a lamb chop or pork chop?

W Can't you tell the difference by taste?

C No, I can't.

W Then does it really matter?

C Waiter, this bread's got sand in it.

W That's to stop the butter slipping off, sir.

C Waiter, there's a button in my soup.

W Oh, thank-you, sir. I've been looking for that everywhere.

C Waiter, I can't eat this!

W Why not, sir?

C You haven't given me a knife and fork.

C Waiter, there's a dead beetle in my soup.

W Yes sir, they are not very good swimmers.

C Waiter, there's a fly swimming in my soup.

W So what do you expect me to do, call a lifeguard?

C 웨이터, 내 샐러드 속에 파리가 있습니다.

W 미안합니다. 나는 당신이 채식주의자인지 몰랐습니다.

C 웨이터, 이 고기가 양고기인가요, 돼지고기인가요?

W 맛을 보고 구분이 안 되시나요?

C 아니요.

W 그러면 무슨 고기인지 굳이 알려고 하실 필요 없잖아요?

C 웨이터, 이 빵에 모래가 있습니다.

W 네, 그것은 버터가 흘러내리지 않도록 하기 위한 것입니다.

C 웨이터, 내 스프 속에 단추가 있습니다.

W 아 네, 감사합니다. 그렇지 않아도 여기저기 찾고 있었습니다.

C 웨이터, 내가 이 음식을 먹을 수가 없습니다.

W 왜 먹을 수가 없나요?

C 나에게 나이프와 포크를 주지 않아서입니다.

C 웨이터, 내 스프 속에 죽은 딱정벌레가 있습니다.

W 딱정벌레는 수영을 잘하지 못해 바로 죽습니다.

C 웨이터, 내 스프 속에서 파리가 수영을 하고 있습니다.

W 네, 그런데 저한테 무엇을 원하십니까? 구조대원을 부를까요?

C Waiter, what's the meaning of this fly in my tea cup?

W I wouldn't know, sir. I'm a waiter, not a fortune teller.

C Waiter, your tie is in my soup!

W That's all right, sir, it's not shrinkable.

C Waiter, your thumb's in my soup!

W That's all right, sir, it's not hot.

C Waiter, this soup tastes funny.

W Funny? But then why aren't you laughing?

W Do you want dinner?

C Sure, what are my choices?

W Yes or no.

C 웨이터, 내 티잔 속의 이 파리는 무엇을 의미합니까?

W 저도 잘 모르겠습니다. 저는 웨이터이지 점쟁이가 아닙니다.

C 웨이터, 당신의 넥타이가 내 스프 속에 들어갔습니다.

W 괜찮습니다. 제 넥타이는 스프에 들어가도 줄어들지 않습니다.

C 웨이터, 내 스프 속에 당신의 손가락이 들어가 있습니다.

W 괜찮습니다. 손가락이 뜨겁지 않습니다.

C 웨이터, 이 스프의 맛이 좀 웃깁니다.

W 웃긴다고요? 그런데 왜 웃지 않으십니까?

W 저녁식사를 드시겠습니까?

C 네, 그렇습니다. 제가 선택할 수 있는 것은 무엇인가요?

W "예" 또는 "아니요"로만 선택이 가능합니다.

Chapter 10

Restaurant Services

레스토랑 서비스

Table Assignment and Order Taking 테이블 지정과 주문받기

A guest comes to the restaurant to have breakfast.

G Guest S Service staff waiter/waitress

◆ Breakfast service

S Good morning! How many are in your party?

G Good Morning! There are four including a child.

S Do you have a breakfast coupon?

G Yes, we want a table with a nice view.

S Would you come this way, please? I will show you to your table where there is a beautiful view of the beach.

S Would you like to have the buffet or see a menu?

G I would like to see the menu.

S How would you like your eggs?

S I will bring it to your table. Could you wait for a moment, please?

Situation 1

고객이 아침식사 장소에 도착했을 때 고객과 종사원 간에 이루어지는 대화 내용

G 고객 S 서비스 직원

◆ 아침식사 서비스

S 안녕하십니까? 일행은 몇 분이십니까?

G 안녕하세요? 어린아이를 포함하여 4명입니다.

S 아침 식사 쿠폰은 가지고 계십니까?

G 네, 좋은 자리로 부탁합니다.

S 이쪽으로 오시겠습니까? 해변이 보이는 창가 자리로 안내해 드리겠습니다.

S 뷔페로 하시겠습니까, 아니면 메뉴를 드릴까요?

G 메뉴로 하겠습니다.

S 계란은 어떻게 요리해 드릴까요?

S 테이블로 가져다 드리겠습니다. 잠시만 기다려 주십시오.

S Would you like coffee or tea?

G Tea and green tea, please.

Cashiering Service after Breakfast 아침 식사 후 계산 서비스

A guest is paying his bill at the cashier after he waited for another guest to pay his bill.

G Guest S Service staff waiter/waitress

◆ Cashiering service

S I am sorry to keep you waiting so long. Did you enjoy your meal?

S The total amount is 64,000 won including a service charge and tax.

S Would you like to pay by cash or credit card?

G I'll pay by credit card.

S Do you need a free parking slip?

G I'll get it from the front desk when I leave the hotel.

S Yes, you can do that.

S Thank you very much. Have a great day!

S 커피 또는 홍차를 한잔 하시겠습니까?

G 홍차와 녹차 주세요.

Situation 2

고객이 식사를 마치고 캐셔 데스크에서 계산하는 내용으로 앞에 먼저 계산하는 손님이 있어서 기다린 후 계산하는 상황에서 발생하는 대화 내용

G 고객 **S** 서비스 직원

◆ 계산 서비스

S 손님, 오래 기다리게 해서 죄송합니다. 식사는 맛있게 하셨습니까?

S 계산금액은 봉사료와 세금을 포함하여 64,000원입니다.

S 계산은 현금 또는 카드로 하시겠습니까?

G 계산은 카드로 하겠습니다.

S 무료주차권이 필요하시면 드리도록 하겠습니다.

G 나중에 퇴숙할 때 프론트데스크에서 받아가도록 하지요.

S 그렇게 하십시오. 예, 잘 알겠습니다.

S 감사합니다. 멋진 하루가 되시기 바랍니다.

Lunch or Dinner Service 점심 식사와 저녁 식사 서비스

Guests come to the restaurant to have lunch/dinner.

G Guest S Service staff waiter/waitress

◆ Lunch or dinner service

S Good afternoon! (or Good evening!) Welcome to Youngsan restaurant. Do you have a reservation?

G Yes, I reserved a table.

S How many are in your party?

G We have four.

G Are there any tables next to the window?

S I'm very sorry all the window seats are taken now.

S Please, this way. I'll show you to the table. How about this table?

G Yes, we'll take it.

S Would you like a beverage before your meal?

G Please, two bottles of beer.

S Would you like to have the buffet or an a la carte menu?

Situation 3

고객이 점심·저녁 식사를 하러 와서 발생하는 대화 장면임

G 고객 S 서비스 직원

◆ 점심 식사와 저녁 식사

S 안녕하십니까? 영산레스토랑에 오신 것을 환영합니다. 손님, 예약은 하셨습니까?

G 네, 예약을 했습니다.

S 일행이 몇 분이십니까?

G 우리는 4명입니다.

G 창가에 빈 자리가 있습니까?

S 대단히 죄송하지만 지금 창가에는 빈 자리가 없습니다.

S 이 쪽으로 오십시오. 테이블로 제가 안내해드리겠습니다. 이 쪽 테이블은 어떻습니까?

G 네, 그 자리가 좋습니다.

S 식사하시기 전에 음료 한잔을 하시겠습니까?

G 맥주 2병 주세요.

S 식사는 뷔페로 하시겠습니까? 또는 일품요리로 주문을 하시겠습니까?

S Would you like to have a beverage or wine with your meal?

G I would like to have wine with my meal. Do you have a house wine?

S Yes, the house wine is CHIANTI 2006.

G We'll take it. Two glasses, please.

S How would you like your steak?

G I will take it medium well, please.

S Enjoy your meal.

S May I take your empty plates?

G Yes, go ahead, please.

S How was your meal?

G The steak was tender and tasted good.

S What would you like for dessert?

G What do you have for dessert?

S Okay, would you like tea or coffee?

S How was your meal?

S How would you like to pay for this? Would you like to pay by

S 식사를 하시면서 음료나 와인을 한잔 하시겠습니까?

G 식사 중 음료로는 와인을 한잔 하고 싶은데 하우스 와인 있나요?

S 예, 하우스 와인으로는 CHIANTI 2006이 있습니다.

G 그것으로 2잔 주세요.

S 스테이크는 얼마쯤 익혀드릴까요?

G 나는 중간보다 약간 더 구워주시오.

S 식사 맛있게 드십시오.

S 빈 접시를 치워드려도 되겠습니까?

G 예, 그렇게 하시오.

S 식사는 맛있게 드셨습니까?

G 예, 스테이크가 부드러워서 참 좋았습니다. 맛도 좋았고요.

S 디저트는 무엇으로 하시겠습니까?

G 디저트는 무엇이 있습니까?

S 감사합니다. 커피나 차를 하시겠습니까?

S 식사는 어떠셨습니까?

S 계산은 어떻게 하시겠습니까? 계산은 객실계정으로 넘겨 드릴까

your room account or cash?

S Let me give you a parking stamp.

S Thank you for visiting the Happy Day. We hope to see you again.

Food and Beverage: Suggested Selling 식음료: 판매 제안

Five Essential Sales Skills

◆ Know your products

a. Learn basic cooking terms like "blazed" or "grilled"

b. Decide which items are your favorite and show your enthusiasm. "My personal favorite is the Prime Rib; it is very tender and comes with delicious potato wedges."

c. Become familiar with the options you can offer your guests. "Would you like your salad dressing on the side?"

◆ Practice good guest relationships: Stay friendly

a. "Are there any questions about the menu?"

b. Show that you care that they have a good time.

요? 현금으로 하시겠습니까?

S 주차권을 확인해 드리도록 하겠습니다.

S 해피데이 레스토랑을 찾아 주셔서 감사합니다. 또 뵙도록 하겠습니다.

Situation 4

5 가지 핵심 판매 기법

◆ 상품을 알자

a. 기본적인 조리법을 익혀야 한다 "숯불구이" 또는 "석쇠구이" 등

b. 어떤 음식을 주된 메뉴로 할 것이며, 주로 고객에게 권장할 메뉴품목은 어느 것으로 할 것인지를 결정. "제가 개인적으로 좋아하는 메뉴는 고급갈비인데, 그것은 매우 부드럽고, 통감자와 함께 나옵니다."

c. 고객에게 권하는 메뉴에 대해 충분히 숙지한다. "샐러드 드레싱은 별도로 드릴까요?"

◆ 고객과 좋은 관계 유지하기: 우호적으로 대하기

a. "메뉴에 대해 문의하실 것이 있습니까?"

b. 그들이 즐거운 시간을 갖도록 보살피고 있음을 보여 준다.

◆ Read your guests

a. Observe guests so you can adjust service to meet their needs. "Have you had a chance to look at the children's menu yet?" "Is this your first visit?"

b. Watch guests gestures and facial expressions.

c. Don't lose the opportunity to sell other items. "Are you ready for another round of drinks and an appetizer?"

◆ Speak Confidently

a. Your role is to help guests decide what they want. "Would you like an iced cold beverage to start off your evening?"

b. For the table you are serving, make a suggestion for and provide an explanation of an appetizer. "The Canadian bacon cheeseburger is very popular."When offering desserts ask "Would you preper some fresh baked pumpkin pie or some home-made apple pie?" "instead of asking Would you like some dessert?"

◆ Ask for the sale

a. Don't ask questions with yes or no answers. "Would you prefer red or white wine with your meal?" "This is my personal favorite, which do you prefer?"

◆ 고객 살피기

a. 고객에게 집중하므로 고객이 원하는 바에 대해 즉시 대응하도록 한다. "혹시 어린이 메뉴는 살펴보셨는지요?" "저희 호텔에는 처음 오셨습니까?"

b. 고객의 몸짓과 표정을 살핀다.

c. 또 다른 음식이나 음료를 권할 수 있는 기회를 놓치지 않는다. "다른 음료나 전채를 더 주문하시겠습니까?"

◆ 조심스럽게 말하기

a. 고객이 원하는 것을 결정할 수 있도록 조심스럽게 도움을 준다. "저녁 식사 전에 찬음료라도 한잔 하시겠습니까?"

b. 내가 맡은 테이블에 대해 전채요리를 제안하고 설명한다. "캐나다 베이컨 치즈버거가 인기가 있습니다." 디저트를 제안할 때, 디저트를 드시겠습니까라고 말하기보다 "신선한 호박 파이를 드시겠습니까, 또는 가정식 애플 파이를 드시겠습니까?"라고 묻는다. 단지 "디저트를 드시겠습니까?"라고 여쭤보지 말자.

◆ 판매 제안

a. 네 또는 아니오라는 대답이 나오도록 묻지 말자. "식사와 함께 레드와인이나 화이트와인을 드시겠습니까?" "이것은 제가 개인적으로 좋아하는 와인입니다만, 고객님은 어떤 것을 드시겠습니까?"

◆ Service Opportunities:

1. Opening:

a. Remember specials and premium liquor and cocktails. "Would you prefer to start off with a cocktail or a glass of wine?"

b. Offer at least two nonalcoholic drinks. "Well then I would suggest sparkling water or a non-alcoholic daiquiri."

2. Entrees:

a. Suggest add-ons. "Would you like some vegetables or garlic break with your pasta?"

b. While delivering the entrees, let them know about desserts. "I just want you to know in advance, we have the best desserts in town."

3. Desserts:

a. If guests are too full, suggest sharing. "I could bring two forks and you could share the dessert."

◆ 서비스 기회:

1. 서비스 시작:

a. 특별하고 고급스러운 주류나 칵테일을 숙지하자. "칵테일이나 와인 한잔으로 식사를 시작하시겠습니까?"

b. 최소한 두 가지의 청량음료를 제안하라. "저 그러면, 소다수나 과일음료를 드시겠습니까?"

2. 주 요리:

a. 추가제안 - "야채나 마늘가루를 파스타에 곁들어 드릴까요?"

b. 주요리를 서빙할 때, 디저트에 대해 설명하라 - "미리 말씀드리자면, 저희는 시내에서 가장 맛있는 디저트를 제공하고 있습니다."

3. 디저트:

a. 만약 고객들이 식사를 많이 하셨으면, 디저트를 나눠 드시도록 권한다 - "디저트를 함께 드시도록 포크를 두 개 가져다 드리겠습니다."

Food and Beverage: Quality Service Skills
식음료: 수준 높은 서비스 기법

Steps for Quality Service skills

◆ Preparing for service

a. Must maintain personal hygiene. Wash your hands frequently! Guest will notice your nails.

b. Prepare opening side work.

c. Check condition of the table area.

d. Learn about specials of the night.

◆ Greeting guests and taking beverage orders

a. Acknowledge all guests quickly.

- "Good Evening. I'll be with you in one minute."

b. Approaching the table:

- Try to get a feel of your customers.
- Some may want a lot of attention, while some may want very little.

◆ Taking the food order

a. Look for signals that show when guests are ready to order.

b. "Hello, have you decided what you would like to order?"

c. "How would you like that prepared? Medium or well

Situation 5

수준 높은 서비스 기법을 구사하는 단계

◆ 서비스 준비

a. 필히 개인위생을 잘 유지한다. 손을 자주 씻어라! 고객이 당신의 손톱을 볼 것이다.

b. 영업 준비를 철저해야 한다.

c. 테이블 주변의 상태를 점검한다.

d. 저녁 특별요리를 숙지한다.

◆ 고객영접과 음료주문 받기

a. 모든 고객들을 빠르게 인지한다.

- "안녕하십니까. 잠시만 기다려주십시오."

b. 테이블에 다가갈 때:

- 고객의 기분을 인지하도록 노력한다.
- 어떤 고객은 많은 주의를 기울여 주기를 바라지만, 다른 고객은 관심을 부담스러워 한다.

◆ 음식 주문 받기

a. 고객이 음식 주문을 할 수 있도록 준비가 되었다는 신호를 잘 알아차린다.

b. "예, 무엇을 주문하실지 결정하셨습니까?"

c. "어떻게 준비해 드릴까요? 중간 정도로 익혀드릴까요, 아니면

done?"

d. "Our featured wines this month are…."

◆ Placing the order

a. The key word is accuracy.

b. Clear appetizers from the guests right side with your right hand.

c. Always ask before clearing partially finished items.

d. Check to see what you can replenish before serving the entrees.

◆ Pick up the order

a. The goal is to get food to the guest as quickly as possible.

◆ Serving the Entree

a. Give the tray and plates a quick check and touch up so there are no spills

b. Serve food from the left with the left hand

c. Repeat the order so the guest knows they are getting the right entree. "You had the filet mignon, medium well."

d. If the plate is hot, use a side towel and warn the guest. "Be careful, the plate is hot."

e. When you finished serving, make sure the guests are comfortable. "Is there anything else I can get for you?" "Enjoy

완전히 익혀드릴까요?"

d. "이달의 특별 와인들은 …."

◆ 주문 넣기

a. 가장 중요한 것은 정확성이다.

b. 고객의 오른편에서 오른손으로 전채요리 빈접시를 치운다.

c. 항상 빈 접시를 치울 때는 고객에서 여쭈어 본다.

d. 주 요리를 서빙하기 전에 테이블 위에 다시 보충할 것이 있는지를 확인한다.

◆ 주문한 요리 가져오기

a. 가능하면 음식을 빠르게 서빙한다.

◆ 주요리 서빙하기

a. 트레이나 접시가 지저분하지 않은지 신속히 확인한다.

b. 고객의 왼편에서 왼손으로 음식을 서빙한다.

c. 고객이 주문하신 음식이 맞는지 주문을 확인시켜 드린다. "고객님이 주문하신 중간 정도 익힌 안심스테이크입니다."

d. 만약 접시가 뜨거우면, 타월을 사용하고 고객에게 주의시킨다. "접시가 뜨거우니, 조심하시길 바랍니다."

e. 서빙이 끝났을 때, 고객들이 만족스러운지를 확인한다. "혹시 더 필요하신 것이 있습니까?" "맛있게 드십시오."

your meal."

f. Check back promptly with guests to assure the meal is good. "Is everything okay?"

g. In case of a mistake, apologize and take the item from the guest immediately. "I am sorry. I will fix that right away."

◆ Completing Service

a. Guests give you clues when they finish their entrees, like placing their silver wear on their plate.

b. Clear plates when all guests are done. "May I take your plate please?"

c. "I'd like to tell you a little bit about our desserts."

d. If you aren't sure who will pay, place the check in the center of the table. "I can pick this up whenever you are ready."

e. Guests often want to leave quickly once they have the check, so remember to check on the guest shortly after giving the check.

f. When the bill was taken, your service needs to continue. "I'll bring this right back." "Thank you again. See you next time."

f. 음식이 괜찮은지 수시로 고객에게 다가가서 확인한다. "다 괜찮으십니까?"

g. 만약 실수가 있다면, 사과드리고 음식을 재빨리 반납한다. "죄송합니다. 바로 시정하겠습니다."

◆ 서비스 완료

a. 고객이 식사를 마쳤다는 표시로 나이프와 포크를 접시 위에 올린다.

b. 모든 고객들이 식사를 마치면 접시를 치운다. "빈 접시를 치워도 될까요?"

c. "디저트에 대해 안내해 드리겠습니다."

d. 만약 누가 계산을 할지 모른다면, 계산서를 테이블 중앙에 놓는다. "준비되셨으면 이것을 가지고 가도 되겠습니까?"

e. 고객들은 종종 계산서를 받자마자 자리를 뜨고 싶어 하므로, 계산서를 드리고 난 후 재빨리 확인한다.

f. 계산서를 받았을 때도 서비스는 계속된다. "곧 가져오겠습니다." "감사합니다. 또 오십시오."

Lounge and Bar 라운지와 바

A group of guests are ordering beverages at the lobby lounge.

G Guest S Service staff waiter/waitress

◆ Lounge beverage service

S Good morning, sir!

S How many are in your party?

G We have six.

S Are you expecting anyone else, sir?

S Would you like a smoking or nonsmoking area?

G We'd like the nonsmoking section.

S Yes, sir. I'll show you to the nonsmoking window seats.

S Would you like to sit here?

S Can I get you something to drink? Which do you prefer alcohol or non alcoholic?

G What kind of drinks do you have?

S Could I recommend something to drink for you?

S Our coffee is an Italian brand coffee. It tastes good, but I think the cappuccino tastes better.

Situation 6

고객이 로비 라운지에서 음료를 주문하는 과정에서 일어나는 상황

G 고객 S 서비스 직원

◆ 라운지 음료서비스

S 안녕하십니까? 고객님!

S 일행이 몇 분이십니까?

G 우리는 6명입니다.

S 손님, 일행이 더 오십니까?

S 금연석을 드릴까요, 흡연석을 드릴까요?

G 금연석이 좋겠습니다.

S 예, 고객님. 금연석으로 안내해 드리도록 하겠습니다.

S 이쪽으로 앉으시겠습니까?

S 음료를 주문하시겠습니까? 음료는 알코올류와 비알코올류 중 어느 것을 택하시겠습니까?

G 어떤 음료가 있습니까?

S 제가 음료를 추천해드려도 괜찮으시겠습니까?

S 우리 커피는 이탈리아 커피로 맛이 좋습니다. 특히, 카푸치노가 더 좋습니다.

S We have many kinds of tea. I'd like to recommend wild strawberry tea for you. It has an outstanding taste and smells good.

S Do you need a few more minutes to decide?

G Sure, we are not ready yet.

S May I take your order?

S Take your time. I'll be waiting.

G Waiter, we are ready.

S I'll confirm your drink. Your order is a cup of green tea, right? I'll get it for you. Thank you.

S Would you like another one?

S It takes 10 minutes to prepare the menu you ordered. Is that fine with you, sir?

S Would you like to see the wine list?

G Yes, please.

S Would you like to taste the wine?

G Yes, please.

S Sorry to keep you waiting. Here's your order.

S Is there anything else?

S 저희는 여러 가지 차를 보유하고 있습니다. 그중에서 산딸기 차는 향이 독특하여 맛이 매우 좋아서 제가 적극적으로 추천 드리고자 합니다.

S 조금 후에 주문하시겠습니까?

G 예. 아직 준비가 안 됐습니다.

S 고객님, 주문하시겠습니까?

S 아직 준비가 안 되셨으면 천천히 보십시오. 기다리겠습니다.

G 웨이터, 주문을 받으시지요.

S 주문하신 음료를 제가 확인해 드리겠습니다. 주문하신 음료는 녹차이지요. 감사합니다.

S 한 잔 더 드시겠습니까?

S 고객님이 주문하신 메뉴는 10분 정도가 소요됩니다. 괜찮으시겠습니까?

S 와인 리스트를 보시겠습니까?

S 예, 그럽시다.

S 와인을 시음해 보시겠습니까?

G 예, 그럽시다.

S 기다리시게 해서 죄송합니다. 주문하신 음식이 나왔습니다.

S 더 필요하신 것은 없으신지요?

Bartender and Guests 바텐더와 고객

A conversation is held between a guest and a bartender.

G Guest S Service staff waiter/waitress

◆ Lounge beverage service

S Good evening, Mr. Smith. How are you?

S What are you drinking tonight, Mr. Smith?

G What do you have tonight?

S Many different kinds of drinks. We have different brands of Scotch, Kentucky Bourbon, Japanese, Irish, Canadian, and Korean beverages.

S Please ask my colleagues what they want. And watch out, because they all love drinking.

G It's cold today, so I'll have a whisky straight.

S Good evening, sir. May I take your order?

G Give me another one.

S Another round of the same, sir?

Situation 7

라운지 또는 바에서 고객과 바텐더 사이에서 일어날 수 있는 대화

G 고객 S 서비스 직원

◆ 라운지 음료서비스

S 안녕하십니까? 스미스 씨. 요즘 어떻게 지내십니까?

S 스미스 씨, 오늘 저녁엔 무엇을 마시겠습니까?

G 오늘 저녁엔 무엇이 됩니까?

S 다양하게 준비되어 있습니다. 스카치, 아이리쉬, 캐나디안, 켄터키 버본, 일본과 한국 위스키가 있습니다.

G 내 동료 모두에게 여쭤보시고, 멋진 칵테일로 한 잔씩 서빙해 주시오. 모두가 애주가여서 까다로울 겁니다.

G 오늘 날씨도 추운데 나는 위스키 스트레이트로 한잔하겠습니다.

S 안녕하십니까? 선생님. 주문하시겠습니까?

G 한 잔 더 주시오.

S 같은 것으로 한 잔 더 하시겠습니까?

G Waiter, please give me the bill.

S Yes, here you are. sir. (The man takes out some money) Please wait and pay the cashier by the door when you leave.

Cashiering Service after Drinking 음료를 마신 후 계산하기

A guest is paying his bill to the cashier at the lobby lounge.

G Guest S Service staff waiter/waitress

◆ Lounge beverage service

S How will you pay for this?

G I'll pay it in cash.

S Do you wish to pay now?

G All right. I will take it when you're ready.

S Do you want separate checks?

G Yes, please put two on one bill and the others on the other one.

S Yes. I'll do that.

S Sign here, please.

G 웨이터, 여기 계산서 갖다 주세요.

S 예, 여기에 계산서 있습니다. 선생님. (남자가 돈을 꺼낸다) 기다리셨다가 나가실 때 문 옆에 있는 회계원에게 지불해 주시기 바랍니다.

Situation 8

고객이 라운지를 이용한 후 캐셔 데스크에서 계산하는 상황의 대화

G 고객 S 서비스 직원

◆ 라운지 음료서비스

S 계산은 어떻게 하시겠습니까?

G 현금으로 계산하겠습니다.

S 지금 계산하시겠습니까?

G 그럼요. 준비되면 내가 하도록 하지요.

S 계산서를 따로 만들어 드릴까요?

G 2명은 하나에 넣고, 나머지는 다른 계산서에 넣어 주십시오.

S 예, 그렇게 하겠습니다.

S 여기에 서명해 주시기 바랍니다.

S Here are your bills. Thank you for coming.

S Have a nice day.

Room Service Order Taking 룸서비스 주문 받기

A guest requests room service for food and beverages.

G Guest S Service staff waiter/waitress

◆ Room service taking an order

S Good morning, Room Service, Ms. Choi speaking. How may I help you?

G I'd like to have my breakfast in the room.

S Would you like to order now? Would you like to have something to drink?

S Can I recommend one for you?

G Give me a glass of tomato juice, toast and muffins with bacon, I like my bacon good and crisp, two fried eggs sunny side up, and coffee, please.

S It will take 15 minutes to prepare your food. Is that okay?

S If you have any problems, please dial the number "0".

S 계산서 여기에 있습니다. 이용해 주셔서 고맙습니다.

S 즐거운 하루되시기 바랍니다.

Situation 9

객실에서 고객이 식음료 서비스를 요청할 때 일어나는 상황

G 고객 **S** 서비스 직원

◆ 룸서비스 주문 받기

S 안녕하십니까? 룸서비스 미스 최입니다. 무엇을 도와드릴까요?

G 객실에서 조식을 하고 싶습니다.

S 지금 주문하시겠습니까? 식사하시면서 음료도 한잔 하시겠습니까?

S 제가 추천해 드릴까요?

G 토마토 주스, 토스트와 머핀, 베이컨은 바삭 구워 주시고, 계란은 두 개를 한쪽만 구워주시고, 커피를 주십시오.

S 조식을 준비하는 데 15분 정도 걸릴 것 같습니다. 괜찮으시겠죠?

S 더 필요한 것이 있으시면 0번으로 전화를 해 주시기 바랍니다.

Delivery of Food and Beverages to the Room
객실에 식음료 배달서비스

Food and beverages by room service are delivered.

G Guest S Service staff waiter/waitress

◆ Room service delivery service

S May I come in?

G Yes, come in, please.

S Where would you like your food and beverages?

G Put them on this tea table here.

S Can I put your luggage away for a while?

G No problem.

S These are the eggs that you ordered, right?

G Yes, it's correct.

S Take care, please. It's hot. Enjoy your meal.

S Would you please sign here?

G Okay, where?

S Could you sign here, please?

Situation 10

룸서비스에서 주문한 식음료를 객실에 배달하는 과정에서 일어나는 상황

G 고객 S 서비스 직원

◆ 룸서비스 배달서비스

S 들어가도 좋습니까?

G 예, 들어오세요.

S 이 식음료를 어디에 놓을까요?

G 이쪽 티 테이블 위에 올려주세요.

S 가방을 옆으로 잠시 옮겨도 되겠습니까?

G 그러세요.

S 주문하신 계란요리입니다. 맞습니까?

G 예, 맞습니다.

S 뜨거우니 조심하시기 바랍니다. 맛있게 드시기 바랍니다.

S 여기에 사인해 주시겠습니까?

G 좋습니다. 어디에?

S 여기에 서명을 해 주시겠습니까?

S It includes a service charge and tax.

S After your meal, dial the number "2", please. Then we will pick up these plates.

S Enjoy your meal, sir.

Delivery of Ice Cubes to the Room 객실에 얼음 배달서비스

A guest calls the Room Service Department and asks to deliver some ice.

G Guest **S** Service staff waiter/waitress

◆ Room service delivery

S Good evening. Room service Mr. Lee speaking. How may I help you?

G Could you get me some ice for my room?

S We have an ice machine on the 3rd, 5th, 7th, 9th, 11th, and 15th floor. You can have as much ice as you want from that machine. If you want, we can deliver it to your room.

G Delivery would be great.

S Good morning, sir. Here is the ice that you ordered.

S 요금에는 봉사료와 세금이 포함되어 있습니다.

S 식사 후에 2번에 전화를 주시기 바랍니다. 그러면 빈 그릇을 가져가도록 하겠습니다.

S 즐거운 식사가 되시기 바랍니다.

Situation 11

룸서비스로 전화가 와서 고객이 얼음을 가져다 달라고 하는 상황에서 발생하는 대화

G 고객 **S** 서비스 직원

◆ 룸서비스 배달서비스

S 안녕하십니까? 룸서비스 Mr. Lee입니다. 무엇을 도와 드릴까요?

G 내가 얼음이 필요한데 객실로 갖다 줄 수 있는지요?

S 손님, 얼음은 각층 제빙기에서 필요한 만큼 사용하실 수가 있습니다. 제빙기는 3, 5, 7, 9, 11, 15층에 있습니다. 손님께서 원하신다면 저희 직원이 갖다드리도록 하겠습니다.

G 갖다 주면 좋겠습니다.

S 안녕하십니까? 손님. 주문하신 얼음을 가져왔습니다.

Complaints about Food Sanitation 음식물 위생에 대한 불평

A guest complains about poor sanitary conditions of food.

G Guest S Service staff waiter/waitress

◆ Room service delivery

G Waiter, there is something strange in this food.

S I'm terribly sorry, sir. I'll take it away and replace it right away.

G Yes, and please be careful with the next plate.

S If you don't mind, I'll prepare the fruit and wine for you.

Missing the Room Number 객실번호를 까먹다

Food was delivered to another room due to the wrong room number.

G Guest S Service staff waiter/waitress

◆ Room service delivery

S (ringing the bell) Hello, this is room service. I brought the food you ordered.

G No, we didn't order food.

S I'm sorry, I've mixed up your room number. I apologize for

Situation 12

고객이 주문한 음식에서 이물질이 나와 컴플레인이 발생했을 경우 가정한 대화 내용

G 고객 S 서비스 직원

◆ 룸서비스 배달서비스

G 웨이터, 음식에 이물질이 있어요.

S 손님, 대단히 죄송합니다. 즉시 다른 음식으로 마련해 드리도록 하겠습니다.

G 그렇게 하고 앞으로 음식에 신경을 좀 쓰시오.

S 괜찮으시다면 과일과 와인을 서비스해 드리도록 하겠습니다.

Situation 13

고객이 주문한 음식을 배달하는 과정에서 객실번호를 잘못 알아서 실수하는 내용

G 고객 S 서비스 직원

◆ 룸서비스 배달서비스

S (벨을 누르면서) 안녕하십니까? 룸서비스입니다. 주문한 식사를 가지고 왔습니다.

G 아니요, 우리는 식사를 주문한 적이 없습니다.

S 제가 고객님의 객실번호를 혼동하였습니다. 실수에 대해 사과드

my mistake.

S I'll check for you again.

Pub Restaurant Service 펍 레스토랑 서비스

A conversation is held when a guest orders food and beverages at the pub restaurant.

G Guest **S** Service staff waiter/waitress

S Good evening, sir.

S How many are in your party, sir?

G We have six. Can we have a seat by the window with a beach view?

S I'm sorry, sir. We have no tables available by the window now.

S Is this table okay, sir?

G Yes, it's alright.

립니다.

S 확인해 보도록 하겠습니다.

Situation 14a

고객이 펍 레스토랑에서 음료와 식사를 주문하는 과정에서 주고받는 대화 내용

G 고객 S 서비스 직원

S 안녕하십니까? 고객님.

S 일행이 몇 분이십니까?

G 6명인데, 바다가 보이는 창가 좌석이 있습니까?

S 죄송합니다. 고객님. 지금은 해변 전경이 보이는 창가에는 좌석이 없습니다.

S 이 좌석이 마음에 드십니까?

G 예, 이 자리가 좋군요.

A conversation is held when orders are taken from guests.

G Guest S Service staff waiter/waitress

S Would you like something to drink before your dinner?

S Would you like a glass of beer before your order?

G What kind of beer do you have?

S We have four kinds of draft beer; Guinness, Heineken, Sapporo and Hite. Which one would you like?

G Guinness dark, please.

S Is there anything else?

A conversation is held to recommend and sell whisky when whisky is on promotion.

G Guest S Service staff waiter/waitress

S We have Ballantine's whisky on promotion this month.

S How would you like your Scotch whisky, straight or on the rocks?

G On the rocks, please.

Situation 14b

고객에게 주문을 받을 때 많이 사용하는 대화 내용

G 고객 S 서비스 직원

S 식사 전에 음료를 한잔 하시겠습니까?

S 음식주문 전에 먼저 맥주를 한잔 하겠습니다.

G 맥주는 어떤 것이 있습니까?

S 기네스, 하이네켄, 사뽀로, 하이트 4종류의 생맥주가 있습니다. 어느 것으로 드시겠습니까?

G 기네스 흑맥주로 하지요.

S 혹시 더 필요한 것이 있습니까?

Situation 14c

판매촉진을 위해 고객에게 위스키를 추천 판매할 때 사용할 수 있는 대화 내용

G 고객 S 서비스 직원

S 이번 달은 발렌타인 위스키를 특별 판매하고 있습니다.

S 위스키는 스트레이트로 하시겠습니까? 온더락으로 하시겠습니까?

G 온더락으로 주세요.

S (a few minutes later) Would you like to have another drink?

G No thanks. It's enough for today.

S Would you like separate checks?

A guest is wanted on the phone. After the paging service, he is given a telephone receiver.

G Guest **S** Service staff waiter/waitress

S Mr. Brown. You are wanted on the phone. It's your secretary. Here you are.

G Thanks.

A conversation is held when tipping is turned down.

G Guest **S** Service staff waiter/waitress

G (giving 10,000 won) This is a small token of my gratitude for your nice service. Thank you for your job.

S Thank you very much. But we have no tipping policy in Korea.

S (시간이 지난 후) 한 잔 더 하시겠습니까?

G 아니오. 이제 되었습니다. 오늘은 그만하겠습니다.

S 계산서는 하나로 해 드릴까요, 또는 별도로 해 드릴까요?

Situation 14d

업장으로 고객을 찾는 전화가 와서 페이징 서비스 후 고객에게 전화기를 건네면서 하는 대화 내용

G 고객 **S** 서비스 직원

S 브라운 씨, 비서로부터 전화가 왔습니다. 여기 있습니다. 받으시지요.

G 감사합니다.

Situation 14e

고객으로부터 개별적인 팁을 거절할 때 사용하는 대화 내용

G 고객 **S** 서비스 직원

G (10,000원을 주면서) 오늘 좋은 서비스를 해주어서 감사의 표시입니다. 수고했습니다.

S 손님, 대단히 감사합니다만 저희들은 개별적인 팁을 받지 않습니다.

S Ten percent service charge is included in your payment.

G Is that so? This hotel is very kind.

S Good bye and I hope to see you again.

A guest is paying the bill after the meal.

G Guest **S** Service staff waiter/waitress

S Did you enjoy your meal, sir?

G Yes, we did. Can I have the bill, please.

S Very well, sir. Here's your bill.

G 66,000 won? I think there's something wrong. It's a little bit higher than I expected.

S The bill is correct, sir. It is 60,000 won in all and a 10% tax is added. So the total amount is 66,000 won.

G A 10% tax! A 10% tax is added to the price of the items listed on the menu?

S Excuse me, sir. A 10% tax is added. I should have told you. That's our fault. Our apologies, again, sir.

S 손님께서 지불하신 요금에는 10%의 봉사료가 포함되어 있습니다.

G 아 그래요. 이 호텔은 참으로 친절하군요.

S 다음에 또 뵙기를 기대합니다. 안녕히 가십시오.

Situation 14f

고객의 식사가 끝나고 계산하는 상황에서 발생하는 대화 내용

G 고객 S 서비스 직원

S 즐겁게 식사하셨습니까?

G 아주 잘 먹었습니다. 계산서를 갖다 주시겠습니까?

S 예, 알겠습니다. 계산서 여기 있습니다.

G 66,000원이라니? 계산이 잘못되지 않았나요? 그렇게 많지 않을 텐데요.

S 손님, 계산은 틀림없습니다. 합계가 60,000원이고 거기에 세금 10%가 가산되어 66,000원이 된 것입니다.

G 세금이라니! 메뉴에 표시된 가격에 또 세금이 가산되는 건가요?

S 물론입니다. 10%의 세금이 가산됩니다. 제가 다시 말씀드려야 했는데 저의 실수였습니다. 사과드립니다.

G No, that's all right. It's my fault as well. I didn't see it. I'm really sorry to blame you for that!

S You're welcome. Thanks again for your understanding, sir.

G Can I pay with checks?

S We accept only traveler's check.

G I am out of traveler's checks. I will pay in cash.

S Thank you, sir. I hope you enjoyed your meal. Please come again.

G 아니요. 메뉴에 적혀 있는 것을 보지 못한 것은 나의 잘못이요. 잠시라도 당신을 나무라서 미안합니다.

S 천만의 말씀입니다. 이해하여 주셔서 감사합니다.

G 수표로 계산해도 됩니까?

S 우리는 여행자 수표만 받습니다.

G 여행자 수표가 떨어졌습니다. 그럼 현금으로 계산하겠습니다.

S 감사합니다. 즐거운 식사가 되셨기를 바랍니다. 또 오십시오.

Chapter 11

Banquet Services

연회 서비스

Banquet Reservation 연회 예약

A conversation is held when a banquet reservation is made.

G Guest S Service staff

◆ Asking for meeting places

R The World Best Smile Hotel. May I help you?

R Certainly, sir. What would you like to know?

G We will hold our annual conference for Asian and Pacific region branch mangers from Oct. 5th (Wed.) to 9th (Sun.) with about 80 participants. Are there any banquet rooms available?

R We have a banquet room that seats 90 people, a large exhibition hall which is 20㎡ wide, and an auditorium that seats 120.

R I'll find if those rooms will be available at that time. I'll let you talk to the room reservation manager.

Situation 1

고객이 연회 예약실에서 연회행사 예약과정에서 일어나는 대화 내용

G 고객 R 예약담당직원

◆ 회의실 예약 문의

R 월드베스트스마일호텔입니다. 무엇을 도와드릴까요?

R 좋습니다. 선생님 말씀하시기 바랍니다.

G 올 10월 5일(수요일)부터 10월 9일(일요일)까지 아시아·태평양지역 점장 연차회의가 있을 예정입니다. 참가인원은 80여 명 참석할 예정입니다. 사용이 가능한 공간이 있을까요?

R 90인석 연회장이 있고, 20㎡ 규모의 전시장과 120명을 수용할 수 있는 강당도 있습니다.

R 그 때 사용이 가능한지를 확인해 보겠습니다. 그리고 객실예약은 담당자를 불러 드리겠습니다.

G Is it possible to offer meals to attendees at the conference?

S Yes, sir. Full food and beverage service can be provided for each meal period.

G How about your staffs English speaking ability for handling a global conference?

S Most staff members speak English very well because we have many American guests in the hotel year round.

Information for Banquet Guests 연회고객 안내서비스

A guest is looking for a restroom and a staff member shows the way to the restroom.

G Guest S Service staff

◆ Asking for directions to the restroom

G I am looking for a restroom. Where is a restroom available?

S Go down the hallway and then turn right (turn left).

S It's right there.

G 회의 참석자들에게 식사 제공이 가능합니까?

S 예, 끼니별로 식사와 음료가 제공될 수 있습니다.

G 국제회의를 치루기 위한 직원들의 영어실력은 어떠합니까?

S 대부분의 직원들의 영어 수준은 좋습니다. 왜냐하면 우리 호텔은 연중 미국인 고객이 많이 투숙하고 계십니다.

Situation 2

고객이 화장실을 찾는데 직원이 안내하는 과정에서 일어나는 대화 내용

G 고객 S 서비스 직원

◆ 고객이 화장실 방향을 여쭤볼 때

G 화장실을 찾고 있습니다. 화장실은 어디에 있습니까?

S 복도를 내려가서 오른쪽(왼쪽)으로 돌아가십시오.

S 그러면 바로 거기에 있습니다.

Hotel and Restaurant Humor ❶

A Friend lunching at a Chinese restaurant noticed that the table had been set with forks, not chopsticks. He asks why. The waiter said chopsticks were provided only on request. "But," the man countered, "if you gave your patrons chopsticks, you wouldn't have to pay someone to wash all the forks." "True," the waiter shot back, "but we would have to hire three more people to clean up the mess."

For months I used to go to the same restaurant every Sunday morning and order pancakes for breakfast. Although "three large pancakes" was listed on the menu, I always ordered just two. One day I asked the waitress if it was an inconvenience to them to give me just the two pancakes instead of three. "Oh, no," she replied, "the cook loves you. Every time you come in, he gets a pancake."

In a little restaurant an angry regular customer called the manager. "Look," he shouted. "The portions of your daily special are getting smaller and smaller." "A simple optical illusion, sir," replied the manager. "It's only because we've enlarged the dining room."

한 친구가 중국식당에서 점심식사를 하려고 하는데, 테이블에 포크만 있고 젓가락은 놓여 있지 않았다. 그래서 웨이터를 불러 그 이유를 물으니, 고객이 요청해야만 젓가락을 준다고 했다. 그 남자가 대꾸하길, “하지만, 손님들에게 젓가락을 주면 포크를 세척하기 위해 필요로 하는 종업원의 급여를 절약할 수 있는 것이 아니냐”고 했다. 웨이터가 대답하길, “그렇습니다. 하지만 젓가락을 사용함으로써 더러워지는 것을 치우기 위해서는 세 사람을 더 고용해야 합니다.”

몇 달 동안 매주 일요일 아침에 나는 늘 같은 식당에 갔으며, 항상 팬케이크를 아침식사로 주문하였다. 메뉴에는 세 개의 큰 사이즈 팬케이크로 되어 있으나, 나는 항상 두 개를 주문하였다. 어느 날 여종업원에게 세 개 대신 두 개를 주문하는 것이 불편하지 않은가 하고 물어 보았다. 그녀가 대답하길 “그렇지 않습니다. 주방장은 당신이 오시는 것을 좋아합니다. 당신이 식당에 들어오면 주방장이 팬케익 한 개를 먼저 먹습니다.”

한 작은 식당에서 화가 난 단골고객이 매니저를 불렀다. 고객 왈 “내가 보니까 오늘의 특별요리의 양이 점점 작아지고 있습니다.” 매니저가 대답하길 “그것은 단지 시각적인 착각에서 비롯된 것입니다. 다시 말씀드리면 그것은 최근 식당 홀을 확장하였기 때문입니다.”

Hotel and Restaurant Humor ❷

A waiter brings the customer the steak he ordered with his thumb over the meat. "Are you crazy?" yells the customer, "with your hand on my steak?" "What" answers the waiter, "You want it to fall on the floor again?"

An American businessman goes to Japan on a business trip. He doesn't like Japanese food very much, so he asks the concierge at his hotel if there's any place to get something western style.

The concierge tells him he's in luck, there's a pizza place that just opened, and they deliver. The concierge gives the businessman the phone number, and he goes back to his room and orders a pizza. Thirty minutes later, the delivery guy shows up at the door with the pizza.

The businessman takes the pizza and immediately starts sneezing uncontrollably. He asks the deliveryman, "What the heck did you put on this pizza?" The deliveryman bows deeply and says, "We put on pizza what customer ordered: 'pepper only'."

웨이터가 스테이크를 주문한 고객에게 스테이크를 가지고 왔으나 웨이터의 엄지손가락으로 스테이크의 소고기를 누른 상태로 가지고 왔다. 고객 왈 "당신 돌았냐? 어떻게 손가락으로 스테이크를 누른 상태로 가져올 수 있느냐?" 웨이터 왈 "네? 당신은 스테이크가 다시 바닥에 떨어지길 원하십니까?"

미국 비즈니스맨이 비즈니스차 일본에 갔다. 그는 일본음식을 별로 좋아하지 않아, 호텔 컨시어지에 들러 웨스턴스타일 식당이 근처에 있는지 문의를 하였다.

컨시어지 근무자가 말하기를 당신은 행운아입니다. 며칠 전 피자레스토랑이 근처에 오픈을 하였습니다. 게다가 배달도 됩니다. 근무자는 그에게 전화번호를 알려주었고, 그는 객실로 돌아와 피자를 주문하였다. 30분 후 피자배달부가 피자를 들고 그의 객실에 도착하였다.

비즈니스맨이 피자를 전달 받자마자 심하게 재채기를 하기 시작하였다. 그는 배달부에게 "도대체 피자에 무엇을 토핑하였느냐"고 물었다. 배달부가 겸손히 머리를 숙이며 대답하기를 "저희는 고객이 원하시는 그대로 토핑을 합니다. 당신이 페퍼(후추)만 토핑하라고 주문하여 그대로 했습니다." (참고: 토핑을 pepperoni(페퍼로니)로 하라고 주문하였으나 Pepper Only 로 알아들었음)

Hotel and Restaurant Humor ❸

Two attorneys walked into a diner and ordered two drinks. Then they took sandwiches from their briefcases and started to eat. The owner became quite concerned and marched over and told them, "You can't eat your own food in here!" The attorneys looked at each other, shrugged their shoulders and exchanged sandwiches.

두 명의 변호사가 식당에 들어가서 마실 것 두 잔을 주문하였다. 그런 후 두 사람은 가방에서 샌드위치를 꺼내 먹기 시작하였다. 식당 주인은 약간 신경이 거슬렸고, 조용히 그들에게 다가가 말하였다. "여기서는 자신이 가져온 음식을 먹을 수가 없습니다." 두 변호사는 서로를 번갈아 쳐다보고 나서는, 그들의 어깨를 약간 들먹인 다음, 샌드위치를 서로 교환하였다. (참고: 교환 후 자신이 가져온 음식이 아니니 상관없다는 뜻임)

호텔영어 1000문장 익히기

P·A·R·T 3

Sales and Marketing

Chapter 12

Sales Calls

방문판매

Sales Calls 방문판매

A new sales manager of the World Best Smile Hotel visited a business connection on account to say hello. Fortunately, she happens to hear that the head of the MG Corporation branch office in Busan was going to request that the World Best Smile Hotel quote a price for their annual conference which will be held in Busan next year.

P Patron M Sales manager

◆ Sales calls

M Hello! I'm Hong, Mina, the sales manager for the Marketing Department of The World Best Smile Hotel in Busan. Pleased to meet you. My predecessor, Kim, Suri was transferred to our Seoul Office. Thank you very much for your continued patronage at our hotel. If you have any inquiries regarding hotel reservations or functions, please feel free to call me any time. I'll try my very best to help you in any way.

P I am glad to meet you. I'm the secretary for Dr. James Redison. How about meeting Dr. Redison since you visited us?

M Nice to meet you, Dr. Redison. I was told by Ms Kim, Suri, who was responsible for your company, that you have been

Situation 1

월드베스트스마일호텔의 신임 판촉 지배인이 거래처인 MG Corporation에 인사차 들렸다. 운 좋게도 내년에 MG Corporation 연례총회가 부산에서 있을 것이고, MG Corporation 부산 지사장이 연례총회 개최를 위한 견적을 월드베스트스마일호텔에게 의뢰하려던 참이었다는 얘기를 듣고 대화를 나누게 된다.

P 거래처 담당자 M 판촉지배인

◆ 방문판매

M 안녕하십니까? 월드베스트스마일호텔 마케팅부에서 일을 하게 된 판촉과장 홍미나입니다. 만나 뵙게 되어 반갑습니다. 전임 김수리 과장은 서울사무소로 자리를 옮겼습니다. MG Corporation은 오래도록 우리 호텔을 이용해 주셔서 매우 고맙게 생각합니다. 앞으로 호텔의 예약이나 행사관련 사항은 저에게 연락을 주시면 잘 이행하도록 하겠습니다.

P 만나 뵙게 되어 반갑습니다. 저는 James Redison의 비서 이한주입니다. 오신 걸음에 James Redison 씨를 만나보고 가시지요.

M Redison 박사님, 만나 뵙게 되어 반갑습니다. 전임 담당자였던 김수리 과장으로부터 Redison 소장님께서 우리 호텔에 많은 도움을

such a valued customer. I hope you continue to enjoy the good relationship with us in the future as well.

P I was just about to call you regarding our annual conference which will be held from January 11 to 15 next year to quote an estimate on rooms, meals, meetings and banquets. It's so nice of you to come here in person. I'd appreciate if you could help us with this matter.

M My pleasure! How many of you will be attending this annual conference?

P I would expect about 500 branch managers with their spouses or staffs from all over the world to attend this conference. If that is the case, we would probably need about 400 rooms. We anticipate to have a reception for about 500 people twice during the conference, and other small- and medium-sized meetings will also be held for each session group for three days. I'm sure most of attendees would have breakfast at the hotel. Do you have simultaneous interpretation services available at your hotel? We'll provide the interpreter ourselves.

M I assume you'd want our business center to stay open for 24 hours, right?

P Definitely. Let's talk about the details as we go. I'll give you a copy of the conference plan to you. Please submit an estimate

주신다는 말을 들었습니다. 앞으로도 잘 부탁드립니다.

P 참, 그렇잖아도 월드베스트스마일호텔에 연락을 하려던 참이었습니다. 내년 1월 11일부터 15일까지 있을 총회의 장소, 숙박, 식사, 연회에 대해 견적을 의뢰하려던 참이었는데 잘 오셨습니다. 좀 도와주시기 바랍니다.

M 물론이지요. 이번 총회는 참석인원이 몇 분이나 됩니까?

P 세계 각지에서 지점장 급이 부부 또는 직원들과 함께 오게 되므로 약 500명은 되리라 봅니다. 그럴 경우 객실 400여 실, 대회의장에서 500여 명 리셉션이 2번이 있을 것이고, 중소규모 회의가 세션별로 3일간 열릴 예정입니다. 물론 대부분의 참석자가 조식을 호텔에서 할 것 같습니다. 총회장에는 동시통역시설이 있지요? 통역원 업무는 우리 회사에서 마련할 예정입니다.

M 비즈니스센터는 24시간 오픈을 해야 하겠지요?

P 그렇지요. 세부사항은 서로 협의를 하도록 하고, 행사 개요에 대해 자료를 드릴 테니 우선 장소와 건적에 대해 제안해 주시기 바

for use of meeting places and prices.

M Certainly, we can do that. When would be the best time to meet you again regarding this matter?

P Next Wednesday afternoon should be fine to discuss this further.

Make an Appointment 약속하기

Ms. Mina Hong who is the sales manager of the World Best Smile Hotel is trying to make an appointment with the head of the MG Busan branch office, Dr. Radison. Ms. Mina Hong makes a reservation on the phone with his secretary, Ms. Hanju Lee.

P Patron M Sales manager

◆ Make an appointment

G MG Busan Office, Ms. Lee speaking. How can I help you?

M Hello, this is Mina Hong from the World Best Smile Hotel. I'm calling to make an appointment with Dr. Redison.

P Ms. Hong, how are you? This is Hanju Lee. Do you need to see him right away?

M No, I'm just making an appointment to present the estimate he requested.

P All right. Can you hold for a minute?

랍니다.

M 그렇게 하겠습니다. 그럼 저는 언제 다시 찾아뵙도록 할까요?

P 늦어도 다음 주 수요일 오후엔 다시 만나서 논의를 하는 것이 좋겠습니다.

Situation 2

월드베스트스마일호텔 판촉지배인 홍미나는 MG 부산 지사장 Dr. James Redison이 요청한 견적서에 대해 논의하기 위해 비서 이한주와 통화로 회의를 약속한다.

P 거래처 담당자 **M** 판촉지배인

◆ 약속하기

G MG 부산지사 Ms. Lee입니다. 어떻게 도와드릴까요?

M 여보세요. 저는 월드베스트스마일호텔의 홍미나입니다. Redison 지사장님과 시간 약속을 하고자 합니다.

P 홍지배인님, 안녕하십니까? 저는 이한주입니다. 지사장님을 곧 만나셔야 합니까?

M 아니오. 제가 보내드린 견적서에 대해 설명하기 위해 그냥 약속만 하려고 합니다.

P 좋습니다. 잠깐만 기다려 주시겠습니까?

M Sure.

P OK, let's see. Dr. Redison has an opening on Wednesday, September 10th at 3 p.m.

M Okay. See you then. Thank you very much.

G You're welcome. Bye, bye.

Negotiation meeting 협상 회의

Ms. Mina Hong who is the sales manager of the World Best Smile Hotel visited Dr. Redison in order to discuss conference processes and negotiate prices about rooms, food and beverages, and so on.

P Patron **M** Sales manager

◆ Negotiate condition of the agreement

M Hi, Dr. Redison. Have you reviewed the estimate I sent to you last Monday?

P Yes, I have. Thank you for your estimate. However, I think we need to go over the food items again for the party. It is more important to upgrade food quality rather than offer a low price. We'd like to have a "Course A" for the official dinner, and we need to negotiate about the price. Besides, I would like you to offer us better room rates. Please offer us as low of a rate as possible.

M 예. 좋습니다.

P 좋아요. 레디슨 지사장은 9월 10일 수요일 오후 3시에 시간이 됩니다.

M 좋습니다. 그럼 그 때 뵙지요. 대단히 감사합니다.

G 천만에요. 안녕히 계십시오.

Situation 3

월드베스트스마일호텔 판촉 지배인 홍미나는 MG 부산 지사장 Dr. James Redison이 요청한 견적서에 대해 논의하기 위해 MG 부산 지사를 방문하고, 컨퍼런스의 진행, 객실, 식음, 기타 업무에 대해 논의한다.

P 거래처 담당자 M 판촉지배인

◆ 계약조건의 협상

M 안녕하십니까? Dr. Redison. 지난 월요일에 보내드린 행사장 계획서와 견적서는 받아 보셨습니까?

P 예, 잘 받아 보았습니다. 계획을 잘 짜셨어요. 그런데 파티에 나올 음식에 대해서는 좀 더 논의를 해야 할 것 같습니다. 가격을 낮게 책정하는 것보다 음식의 수준을 높이는 것이 좋을 것 같습니다. 정찬 코스는 A로 변경하고 가격에 대한 협상을 다시 하는 것이 좋을 듯합니다. 또한 객실가격은 할인을 좀 더 해 주셔야 할 것 같습니다. 객실 가격은 종류별로 낮출 수 있는 만큼 낮춰 주시기 바랍니다.

M I understand you'd need interpreters for English, Japanese, Chinese, Spanish, French, and German. Is that correct? Do you need to have an information desk in front of the main conference?

P Ah, yes. I think so. I think we also need information on how to use the interpretation facilities as well.

M Alright, we'll prepare that for you.

M 총회 통역요원이 사용할 부스는 영어, 일어, 중국어, 스페인어, 불어, 독일어만 있으면 됩니까? 혹시 총회장 앞에 통역 안내 데스크는 설치하지 않아도 될까요?

P 참, 그것도 필요할 것 같습니다. 그리고 통역장비의 사용방법에 대한 안내도 필요할 것 같습니다.

M 예, 준비하도록 하겠습니다.

☺

The World Best Smile Hotel
Busan

FACSIMILE MESSAGE

Date	Oct. 7, 2014
To	Dr. James K. Redison/Manager MG Busan Branch Office
From	MN Hong / Sales Manager, The World Best Smile Hotel, Busan
Fax	(051) 540-7272
Re	Hotel Arrangement for 2015 Annual Conference

All Pages 2 (Inl'd Cover page)

Dear Dr. Redison,

I'd like to take this opportunity to thank you for your continuous interests in the World Best Smile Hotel. Upon your inquiry about an MG Conference Attendees' accommodation, I am very pleased to offer you the following. Also I appreciate if you send the name list with exact arrival and departure dates as soon as possible.

1. Accommodation
   - Period: 500 persons 11 - 15, January, 2015
   - Room Type and Rate : 400 Double or Twin Bed Rooms KR ₩180,000++ WITH
     1 Presidential Suite, 5 Exec. Suite Rooms, upgrade for the company president and executives

2. Meal, Transportation and other services
   - 2 times banquet KR ₩60,000++ ~ ₩40,000++ per person (seating type), Beverages are separate, refer to the Beverage List.
   - 4 times breakfast KR ₩15,000++ per person (buffet type).
   - 3 times lunch KR ₩30,000++ per person (buffet type).
   - 6 times coffee break KR ₩5,000++ per person.
   - For transportation, complimentary shuttle bus to and from the Gimhae Airport will be provided on a daily basis.
   - We will give you 30% discount for in-house laundry service.
   - You will enjoy complimentary use of the swimming pool and fitness center, and 50% discount at the sauna.
   - All of your conference guests will receive a gift amenity in the room from the hotel.

3. Restaurants, Room services and others.
   Attached please find the Fact Sheet. You can be advised detailed information about our hotel. And I will aslo send you some sample menus from the restaurants.

I hope you will be satisfied with above arrangement and I am looking forward to serving you again with the World Best Smile's traditional hospitality.

Sincerely Yours,

Mina Hong
Sales Manager
The World Best Smile Hotel, Busan
Tel : (82-51) 540-7272, Fax: (82-51) 540-7200

Chapter 13

Preparing a Conference

국제회의 준비

MG Conference Head Office Reservation Center

MG 국제회의 예약운영본부

Reservation services for accommodation are provided to those who attend the world-wide Annual Conference.

G Guest M Sales manager

◆ Reservation operation center

M In order to handle hotel reservations, a reservation office for accommodations has been set up at the Conference Head Office. We have instructions and information sheets for visitors' hotel reservation.

M If you have any questions or problems concerning the hotel accommodations, please contact us nearby the reservation office.

M All changes or cancellations must be communicated directly to the reservation office at the Conference Head Office. Failure to confirm on the date specified without prior notification will result in cancellation of the reservation.

G Would you please make a reservation for 3 double bed rooms for 3 couples and 2 twin bed rooms for 4 kids with breakfast

Situation

총회에 참석하려는 지점장들을 상대로 호텔 예약에 대해 안내하고, 접수를 받는 과정에서 일어나는 다양한 상황

G 고객 M 판촉지배인

◆ 예약운영센터

M 호텔 예약을 취급하기 위해 총회 본부에 호텔예약 사무실이 설치되었습니다. 회의 참석자를 위한 호텔예약 관련 지침서와 안내서를 함께 보내드립니다.

M 호텔의 숙박에 관련하여 궁금하신 점이나 문제점이 있으신 분은 총회 호텔예약사무실에 문의하여 주시기 바랍니다.

M 숙박변경 또는 숙박취소는 반드시 호텔예약사무실에 직접 연락을 주시기 바랍니다. 만약 예정된 날 전에 확약이 없으면 호텔예약은 취소됩니다.

G 2015 연차총회를 위해 2015년 1월 11일부터 1월 15일까지 10명의 조식을 포함에서 더블 3실, 트윈 2실을 예약해 주시겠습니까? 뉴

from January 11th to January 15th, 2015 for the 2011 Annual Conference?

G At this time we would like to request that you confirm 100 rooms for the Annual Conference, arrival January 11th and departure January 15th, 2015.

M We are happy to confirm the reservation of 100 rooms from January 11th to January 15th, 2015 at 180 dollars inclusive per room for double occupancy. Also we will offer 3 complimentary rooms for your staff.

G Could you please advise the appropriate rates for one and two bedroom suites in case we have a request for these accommodations?

G Would you please reserve a twin bed room for me for the night of January 15th, 2015. We will arrive in your city at 7 p.m. by Delta flight 1007.

G Would you please confirm the reservation? Also please let me know the rate of the room, including the 10% service charge and 10% value added tax.

G I would like to remind you that we bank-transferred the deposit money of $3,000 US for our reservation.

욕지사에서는 지점장부부, 부지점장 2명은 부부와 어린아이가 각각 2명씩 있습니다.

G 이번 귀 호텔에서 개최되는 연차총회의 참석자를 위해 2015년 1월 11일 도착 2015년 1월 15일 출발로 객실 100개를 확인해 줄 것을 요청합니다.

M 귀하가 요청하신 객실 100개를 2015년 1월 11일부터 1월 15일까지 사용하실 수 있도록 확약을 드립니다. 또한 귀사의 직원이 투숙할 수 있도록 3개의 객실을 무료로 제공하겠습니다.

G 침대가 1개인 특실과 2개인 특실에 대한 요금도 알려 주시겠습니까?

G 2015년 1월 11일 트윈 베드룸 1실을 예약해 주시겠습니까? 저희들은 저녁 7시 델타항공 1007로 도착할 예정입니다.

G 예약을 확인해 주시겠습니까? 또한 봉사료와 부가가치세가 포함된 가격을 알려 주시기 바랍니다.

G 예약을 위한 예치금 3,000달러를 은행을 통해 송금하였음을 알려 드립니다.

Chapter 14

Guest Transportation

고객운송

Pick Up at the Airport 공항에서 고객맞이

The sales manager, Mr. Lee of the World Best Smile Hotel was at the Gimhae International Airport Terminal to pick up guests from abroad for the 2011 Annual Conference. He meets the guests and helps them through customs clearance.

G Guest L Limousine Driver

◆ Pick up service

L I am Mr. Lee from the World Best Smile Hotel. I am pleased to meet you.

L How was the flight? You must be tired.

G I am a little tired, but I am okay.

L After all of you finish customs clearance, we will start toward our hotel. We have arranged for the bus to pick us up here.

L How many people are there in your group?

G Twenty five people including me.

L So, all the group members from the United States are here. Now, shall we leave and take the bus? Would you come this

Situation

총회를 담당하는 월드베스트스마일호텔의 판촉 지배인 이종민은 호텔의 버스를 인솔하여 공항에 마중을 나갔다. 2011년 연차총회에 참석차 도착 고객들의 입국업무를 도와 호텔로 모셔오고 있다.

G 고객 L 리무진 기사

◆ 고객맞이 서비스

L 저는 월드베스트스마일호텔에 근무하는 이입니다. 만나 뵙게 되어 반갑습니다.

L 비행기 여행은 어떠했습니까? 피곤하시죠?

G 조금 피곤하지만 괜찮아요.

L 모든 분이 세관통과가 끝나면 호텔로 출발할 것입니다. 여러분을 모실 버스가 준비되어 있습니다.

L 일행이 모두 몇 분이시죠?

G 저를 포함해서 25명입니다.

L 저, 미국에서 오신 분들은 모두 여기에 모이셨습니까? 그럼 버스를 타러 가시지요. 이쪽으로 오시지요.

way please?

G Thank you.

G How far is the hotel from the airport?

L It will take about 40 minutes to the hotel by this bus. The airport is about 30 kilometers away from the hotel located at Haeundae Beach. There is a road in front of the airport. We have to cross the road to get to the parking lot. Please watch out for the vehicles passing by.

L Ladies and gentlemen. Please take all the luggage you have and check it again. Is anyone missing?

G 고맙습니다.

G 공항에서 호텔까지는 얼마나 멉니까?

L 호텔까지 약 40분 소요될 것입니다. 공항은 해운대 해변에 있는 우리 호텔에서 약 30킬로미터가 떨어져 있습니다. 이 공항은 나가시면 바로 건널목이 있습니다. 버스를 타기 위해 주차장으로 가셔야 하므로 지나가는 차를 조심하시기 바랍니다.

L 신사숙녀 여러분, 여기에 가지고 오신 가방을 모두 챙겨 주시기 바랍니다. 그리고 함께 오신 분들을 확인해 주시기 바랍니다.

Chapter 15

Beginning the Conference

총회 시작

Beginning the Conference 총회가 시작되면서

The opening ceremony for the conference will start in a few minutes. The coordinator announces some information about the translation services and asks to refrain from taking pictures and leaving seats. Also there is an announcement concerning breaks.

G Guest C Meeting Coordinator

◆ Operating the conference

G Ladies and gentlemen, may I have your attention, please? The opening ceremony will start in a few minutes. All present are required to be seated. The addresses and messages will be translated simultaneously into Korean, English, Japanese, Chinese, Spanish, French and German: Channel 1 for Korean, Channel 2 for English, Channel 3 for Japanese, Channel 4 for Chinese, Channel 5 for Spanish, Channel 6 for French and Channel 7 for German. Once the opening ceremony has started, kindly refrain from taking pictures, using flash bulbs, and leaving your seats. Thank you very much.

G Mr. Chairperson of the MG Corporation Annual Conference, officers of the conference, and distinguished guests and participants, thank you for joining us.

Situation

개회식이 곧 거행되므로 자리에 앉을 것을 요청하면서 이에 따라 진행을 맡은 담당자는 동시통역, 촬영, 자리이탈, 휴식 등에 대해 안내를 한다.

G 고객 C 회의 주관자

◆ 총회의 운영

G 신사숙녀 여러분, 주의를 기울여주시면 감사하겠습니다. 개회식은 곧 시작되겠습니다. 참석자 여러분께서는 착석하여 주시기 바랍니다. 모든 연설문과 안내는 한국어, 영어, 일본어, 중국어, 스페인어, 프랑스어, 독일어로 동시통역이 될 것입니다. 채널 1은 한국어, 채널 2는 영어, 채널 3은 일본어, 채널 4는 중국어, 채널 5는 스페인어, 채널 6은 프랑스어, 채널 7은 독일어가 될 것입니다. 개회사가 있을 때에는 사진 촬영이나 플래시를 사용하는 것을 삼가해 주시기 바라며, 자리에 착석해 주실 것을 당부 드립니다. 대단히 감사합니다.

G MG 연차총회의 대회장님, 임원 여러분, 귀빈 여러분, 참석자 여러분

G On behalf of the Executive Committee of the World MG Corporation, I declare the 2010 Annual Conference open.

C This has been the most productive discussion, but I am afraid we have kept the members seated too long. Shall we take a ten-minute stretching break?

C I would like to express our heartfelt gratitude for your fascinating and encouraging lecture.

G 세계 MG 그룹 이사회를 대표하여 2010 총회의 개회를 선언합니다.

C 지금까지 매우 생산적 회의가 계속되었습니다. 그러나 회원들께서 자리에 너무 오래 앉아 계셔서 휴식이 조금 필요하실 것으로 압니다. 10분간 몸도 풀 겸 휴식을 취하시는 것은 어떠하실까요.

C 우리는 귀하의 흥미진진하고 용기를 북돋워 주는 강의에 진심으로 감사하는 바입니다.

Chapter 16

Marketing Relations

마케팅 관계

Marketing Related Glossaries 마케팅 관련 전문용어

In order to pass a job interview, there is a need to be familiar with some marketing definitions.

Advertising is a way of marketing activities. Advertising is a planned and systematic activity to deliver a message on products, or services, to target an audience through a paid advertising medium.

Advertising plays a role of bringing advertisements that let people know about the existence of our hotel, and its products and services to our potential clients. In other words, advertising awakens our clients' attention, interests, and desires. To refresh their memory or to convince them through abilities that finally led to a purchasing action.

There are general tools that promote consumer sales for hotel products and services such as coupons, royalty marketing programs, membership programs, corporate award programs, travel agent incentive programs, etc.

Situation

구직 인터뷰 때 마케팅에 대한 질문에 쉽게 접근할 수 있도록 호텔에서 잘 쓰이는 마케팅 전문용어 몇몇을 익히기

광고란 마케팅 촉신활동의 하나이다. 광고는 광고수가 유료의 광고 매체를 통해 표적 청중에게 메시지를 전달하는 계획적이고, 체계적인 일련의 활동이다.

광고는 잠재고객에게 우리 호텔의 존재와 실상을 알리는 역할과 그 제품이나 서비스를 알려서 어떤 광고 효과를 이끌어 내는 역할을 한다. 즉 광고는 고객의 관심, 흥미, 욕망을 불러일으키고, 기억과 신념을 가지게 해서 마침내 구매행동을 하도록 하는 효과이다.

호텔의 소비자 판매촉진을 위한 일반적인 도구에는 쿠폰, 프리미엄, 단골고객프로그램, 회원권, 거래처 보상 프로그램, 여행사 보상 프로그램 등이 있다.

Internet Marketing is an activity that creates and provides its own value by fulfilling clients' needs and wants through a partial or whole electronic communication medium.

Relationship marketing focuses on reinforcing a cooperative relationship by elaborating client services and products.

Management for client relationship is a collaborative approach to establish old and new client bases, to maintain existing clientele, to understand clients' behaviors through continuous communication with them in order to pursue profits.

인터넷마케팅은 인터넷 등의 전자 커뮤니케이션 매체를 일부 또는 전적으로 이용하여 고객의 욕구와 바램을 잘 충족시킴으로써 가치를 창출하고 제공하는 활동이다.

관계마케팅은 고객서비스와 품질을 시장 지향적으로 통합하여 협력관계를 강화하는 데 초점을 두는 마케팅활동이다.

고객관계관리는 신구고객의 획득, 기존 고객의 유지 및 고객 수익성을 증대시키기 위하여 지속적인 커뮤니케이션을 통해 고객행동을 이해하고, 이에 영향을 미치기 위한 통합적 접근이다.

호텔영어 1000문장 익히기

P·A·R·T 4

Job Interviews

chapter 17. Interviews 인터뷰

Interviews

인터뷰

Interview Questions and Answers 인터뷰의 질문과 답변

Job applicants need to be familiar with a number of things to be employed by the hotel they are applying for. They include its corporate philosophy, managerial policies, commitment to the community, corporate scale, places of business, and corporate indemnity system. They also need to think about what they can do for the hotel when they are employed. Once they are hired, they need to work on shifts and to be ready for board and lodging. They should be aware of these things and be able to answer the questions related to these issues when they have a job interview. Possible job interview questions and answers are presented here to help applicants prepare for a job interview.

Q Question A Answer

◆ Interviewer and interviewee

Q Tell me about yourself.

A I am graduating from Youngsan University and my major is hotel management. Being a hotelier has been my dream for a long time. I'm serious and calm. I'm reliable, friendly, capable, and honest.

As you can see from my resume, I'm working part-time on the weekends at Lotte Hotel, but I have also worked at a number of different part-time jobs in the service industry. My

Situation

취업을 앞두고, 예비 직장인이 준비해야 할 것들은 매우 많다. 우선 그 호텔이 지향하는 기업의 철학, 경영방향, 사회기여도, 규모, 업장의 종류, 종업원 보상제도 등 많은 것을 익혀야 한다. 뿐만 아니라 당해 호텔이 지원자를 고용할 경우 그 호텔을 위해 어떠한 기여를 할 수 있는지도 매우 중요한 요인이 된다. 또한 고용이 되면 주5일간 불규칙적으로 출퇴근해야 하므로 숙식문제도 대두된다. 이러한 것들을 계획적으로 준비하고, 면접에 응하면 면접에 성공할 확률이 매우 높게 된다. 아래 내용은 인터뷰 실전에 활용되는 Q&A이다.

Q 질문 A 답변

◆ 면접관과 면접대상자

Q 본인에 대해 말해 보십시오.

A 저는 호텔경영학을 전공하고 영산대학교를 졸업할 예정입니다. 호텔리어가 되는 것이 나의 오랜 꿈이었습니다. 저는 진지하고 차분한 성격입니다. 신뢰할 만하고 친근하며, 능력이 있고 정직합니다.

저의 이력서를 보셨듯이, 저는 롯데호텔에서 주말 파트타임으로 일을 하고 있습니다. 뿐만 아니라 시간이 되면 다른 서비스업종에서도 파트타임 일을 하고 있습니다. 저는 지금 서비스하고 있는 롯데호텔 식음료부서에서 일하는 데 가장 큰 흥미를 느낍니다.

most interesting job so far was at Lotte Hotel where I helped with the organization of their food and beverage operations. I enjoyed this work especially because it required a lot of attention to the guests and fellow employees.

Q What was the course that you enjoyed most at school?

A I like foreign languages the best. I like Japanese. I thought the ability to speak other languages would be a great asset to me as a hotelier when I work for people from all over the world.

I also liked marketing because I loved learning how to make customers happy.

Q How would you describe your strengths?

A I pay attention to details and I'm patient. I'm very thorough and I work well with a team. I have a good sense of humor and I've been told that I put guests at ease. My ability to work with all types of people is one of my greatest strengths. I enjoy learning and improving my knowledge. It takes up much of my spare time, though.

Q What is your greatest strength?

A I think I make friends very easily. Wherever I travel I like to meet new people and I keep in touch with them. At my last birthday party there were more than 50 friends in my house.

저는 이 일이 고객과 동료 종업원들에게 항상 신경을 쓰게 되어, 이를 즐기고 있습니다.

Q 대학에서 가장 흥미로웠던 과목은 무엇입니까?

A 외국어 공부를 좋아했습니다. 일본어를 좋아합니다. 외국어를 말할 수 있는 능력이 세계 여러 곳에서 온 손님들을 위해 일할 때 도움이 될 것이라는 생각을 했습니다.

마케팅과목을 좋아했는데 왜냐하면 저에게는 고객을 만족시키는 방법을 배우는 것이 흥미로웠습니다.

Q 본인의 장점에 대해 말해주십시오.

A 저는 꼼꼼하고 인내심이 강합니다. 저는 완벽한 것을 좋아하고 팀의 일원으로 같이 일하는 것을 잘 합니다. 저는 유머감각이 좋고 제가 보통 손님을 편하게 해드린다고들 합니다. 어떤 종류의 사람들과도 잘 어울려 일하는 것이 저의 장점입니다.

장점이면서 단점이라고도 할 수 있는데 새로운 것을 배우는 것을 좋아해서 여유 시간을 잘 즐기지 못합니다.

Q 당신의 가장 큰 장점은 무엇입니까?

A 저는 친구를 매우 쉽게 사귄다고 생각합니다. 제가 어디에 가든 주변에 사람이 많고, 한번 만난 사람들과는 좋은 교류를 해 오고 있습니다. 지난 번 저의 생일 땐 50명이 넘는 친구들이 저희 집에 와서 축하를 해 주었습니다.

Q What is your greatest strength?

A I'd say my greatest strength is my ability to get to know people. Many people dislike meeting new people, but I love it. I seem to be able to make people feel comfortable right away. Maybe it's because I really enjoy listening to them.

Q What is your greatest weakness?

A I have trouble getting off the telephone. I just enjoy talking with my friends, but it takes up a lot of my time. Some days I spend hours on the phone, but I understand it's not a good thing, so I now try to keep my conversations short.

Q What is your greatest weakness?

A I enjoy talking to people and I know that in the past I spent too much time on the telephone. Now I watch the clock while I'm making business calls and I've cut my telephone time in half.

Q What weaknesses do you have?

A I'm a perfectionist so I sometimes stay back at work to check if everything is OK. I need to improve my range of vocabulary in English, so I'm continuing my studies.

Q Why should we hire you?

Q 당신의 가장 큰 장점은 무엇입니까?

A 저의 장점은 사람을 잘 사귀는 것이라고 말씀드립니다. 많은 사람들은 새로운 사람을 만나는 것을 싫어하지만 저는 그것을 매우 좋아합니다. 저는 사람을 만나면 곧바로 편안하게 해 줍니다. 아마 그것은 말하기보다 듣기를 좋아하는 게 원인인 것 같습니다.

Q 당신의 가장 큰 단점은 무엇입니까?

A 저는 전화기를 끄는 데 문제가 있는 것 같습니다. 저는 친구들과 대화하기를 참 좋아합니다. 그러나 저의 시간을 너무 많이 빼앗습니다. 한때는 전화로 몇 시간을 보낸 적도 있었습니다.

Q 당신의 가장 큰 단점은 무엇입니까?

A 저는 사람들과 대화하는 것을 좋아하여 많은 시간을 전화하면서 보내곤 했습니다. 그러나 이젠 사업상 전화라도 시간관리를 위해 시계를 보면서 통화를 하게 되므로 시간을 반으로 줄일 수가 있었습니다.

Q 당신의 단점은 무엇입니까?

A 저는 완벽주의자여서 모든 것이 완벽하게 될 때까지 남아서 일하기도 하는데 때때로 이런 성격이 저의 문제점입니다.

저는 영어실력을 더 향상시켜야 합니다. 그래서 매주 공부하고 있습니다.

Q 왜 우리가 당신을 고용해야 합니까?

A I have been trained for the hospitality business and am interested in front office management. I took an internship training program in your hotel. I am ready and fit for the job. It's been my dream to work in your hotel since I decided to become a hotelier.

Q What do you know about our organization?

A I studied about your hotel and found that your hotel has a great reputation. You offer good chances at promotions and take care of your employees and their family members. In addition, your hotel is offering a variety of cultural programs to the community and that way you are contributing to the culture and tourism of our city and country.

Q Why do you want to work for us?

A I want to have an opportunity to work in a hotel and the work in your hotel would be a challenge to me. We, hoteliers, need to learn about international standards and I'm sure that I can achieve that goal because your hotel is one of the world leading hotel groups.

Q What would you do if one of your guests was very upset?

A 저는 환대산업분야에서 훈련을 받았고 특히 객실영업 분야에 관심이 많습니다. 호텔에서 인턴십도 했고 나름대로 준비되었다고 생각합니다.

호텔리어가 되겠다고 결정한 순간부터 귀사에서 일하기를 희망해왔습니다.

Q 우리 회사에 대해 아는 것이 있습니까?

A 귀사에 대해 알아보았고 귀사가 좋은 평판을 가지고 있다고 들었습니다. 승진의 기회도 많고 직원을 가족같이 대우한다고 들었습니다. 귀사는 다양한 문화 프로그램을 지역주민들에게 제공하고, 지역사회 문화와 관광발전에 기여하고 있다고 알고 있습니다.

Q 왜 우리와 함께 일하고 싶습니까?

A 저는 호텔에서 일하고 싶고 귀사에서 일하는 것이 일종의 도전이 될 것으로 생각합니다.

호텔리어는 국제적인 표준을 배우고 싶어 합니다. 귀사는 세계적 호텔그룹의 선두주자에 속해 있으므로 많은 것을 배울 수 있는 기회가 되리라 봅니다.

Q 손님이 화가 많이 나있을 때 당신은 어떻게 하겠습니까?

A I would try to find out what the problem was and offer my help to calm the guest down. I think the first priority in the hotel should be the guests, so I'll try to solve the problem which made him/her upset. When s/he goes too far, I'll persuade him/her to accept reasonable solutions.

Q Tell me about a big challenge or difficulty you've faced, how did you deal with it?

A (Answers vary.) When I worked part-time at Lotte Hotel, I had one guest who had gone to the airport forgetting his briefcase in his room. There were important documents, so I took a taxi to the airport for the guest to return it. He was very grateful and I felt proud of being a hotelier.

Q Where do you see yourself in five years?

A I see myself in the hospitality business and···. well, I'll be a manager in charge of a Food and Beverage team. I'll be doing my best all the time and working with as much energy as I had as a novice worker. I'll train myself to be a good worker with a good command of foreign languages. I'll also cooperate with my colleagues for the job given to us. I believe that I can make progress in my career along with my company, so I'll try to contribute to the company's image as much as I can.

A 먼저 손님이 왜 화가 났는지 알아보고 일단 손님을 진정시키겠습니다.

호텔은 고객의 문제를 최우선으로 해결하므로 단골고객을 확보할 수 있고, 이는 장기적으로 호텔의 발전에 도움이 되므로 고객의 요구를 수용하는 방법을 택하도록 하겠습니다. 다만 무리한 요구를 하는 고객에게는 논리적으로 설득을 해 나가도록 하겠습니다.

Q 지금까지 살면서 겪었던 가장 어려운 문제는 무엇이었으며 어떻게 처리했습니까?

A (개인에 경험에 따라 답한다.) 제가 롯데호텔에 아르바이트를 할 때, 고객이 가방을 두고 공항으로 가신 적이 있었습니다. 당시 매우 중요한 서류가 들어 있는 가방이라서 제가 자진하여 택시를 타고 가서 직접 고객께 전달한 적이 있었습니다. 고객께서 매우 고마워하였습니다. 호텔리어의 보람을 찾았던 중요한 경험이었습니다.

Q 앞으로 5년 후에 당신은 어디에 있을 것으로 생각합니까?

A 저는 환대산업 분야에서 열심히 일하고 있을 것이며… 아마도 식음료부의 책임자가 되어 있을 것입니다. 항상 초심을 유지하면서 전공과 외국어 실력을 쌓고, 대인관계를 넓혀서 많은 고객들과 동료직원들로부터 좋은 이미지를 받도록 노력하겠습니다. 직장에서 성장은 회사와 더불어 이뤄진다는 것을 명심하고, 회사의 이미지를 높이는 데 일조를 하고자 합니다.

Q What job experiences have you had?

A I had a part-time job on weekends at Lotte Hotel for 2 years. I worked at the banquet hall most of the time and as a doorman for the last 6 months. I liked the work and the money I earned allowed me to be independent of my parents. It was a good job experience.

Q What attracted you to this job?

A I've hoped to be a hotelier for a long time and that's why I majored in hotel management in college. I love to meet people and I am happy when I see the customer I served happy. Being friendly is very important to a person who wants to be a businessman, a diplomat, or a serviceman. This is one of my strengths and will be an asset to my future career.

Q When working with a group, do you tend to support or lead the team?

A I tend to support the team. Once a job is given to me, I do my best to complete the job. I believe that way I can contribute to the team.

A It all depends. I support the team, but I sometimes lead the team, too. I think that it is a matter of leadership. For a com-

Q 어떤 경력이 있습니까?

A 저는 롯데 호텔에서 주말 아르바이트를 2년간 하였습니다. 주로 근무한 곳은 연회장이었고, 최근 6개월간은 도어맨으로도 근무를 해 본적이 있습니다. 업무를 하나하나 익혀가는 재미가 있었고, 큰 돈은 아니지만 급여를 받아 저의 용돈은 부모님께 의존하지 않아도 되었습니다. 호텔의 아르바이트는 저의 성장과정에서 좋은 경험이라고 생각합니다.

Q 왜 일에 매력을 가지고 있습니까?

A 저는 오랫동안 호텔리어가 되기를 희망해 왔고 그래서 대학에서 호텔경영을 전공했습니다. 저는 사람 만나는 것을 좋아하고 제가 도와드린 손님이 행복해하시면 저도 행복해집니다. 저는 사람을 잘 사귀는 장점을 가지고 있고, 이 때문에 늘 주변에 친구가 많았습니다. 사업, 외교, 관광 등에 종사하려면 기본적으로 친화적인 성격을 소유하는 것이 매우 중요하다고 보는데, 저의 장점을 살려 멋진 인생을 만들어 갈 수 있을 것으로 봅니다.

Q 당신은 팀 구성원들과 일할 때 그 팀을 주도하는 편입니까? 아니면 도와주는 편입니까?

A 저는 팀을 도와주는 편입니다. 저에게 일이 주어지면 저는 최선을 다해 그 일을 완성하려고 합니다. 저는 이런 방식으로 팀에게 기여하고 싶습니다.

A 가끔은 도와주기도 하고, 제가 주도하기도 합니다. 무엇보다 중요한 것은 상황에 따라 도와주기도 하고, 주도하기도 하는 리더십

pany to be successful, staff members matter. Teamwork is the center of the human networking. Teamwork works when each of the team members does his/her best, and at the same time takes the initiative and sets an example for others. I think I am a leader who takes the initiative and sets an example for others.

Q How do you develop the trust of your team members?

A I try to listen to others speaking and to find out how I fit into the team. Words often hurt others, so I'll also be careful when I speak to my colleagues. If I am careful about my words and behavior, I think I can build up the trust of my team members. Another way would be to take the initiative and set an example for others, for example, being punctual for work and doing my best always.

Q How would you deal with difficult customers or guests?

A I'll try to find out how I can make the customer happy and be patient in any case. Customers are the most important asset to the hotel. Only when we keep our word, we can keep the clientele. More than anything else, hotel staff should be aware of regulations and management policies, and stick to them. If we let the customers know about the services they deserve and take care of them, we'll be able to solve any problems with customers.

이 중요하다고 인식하고 있습니다. 어느 조직이든 성과를 내면서 성장을 하려면 인적자원이 좋아야 한다고 알고 있습니다. 그 중심에는 팀워크가 있지요. 팀워크는 자기 희생에서 시작하고, 솔선수범하는 데서 발전하게 되지요. 저는 저 스스로가 솔선수범하는 서비스 리더라고 생각합니다.

Q 어떻게 팀의 구성원들과 사이에 신뢰를 쌓겠습니까?

A 저는 남의 말을 들으려고 하고 어떻게 하면 팀과 조화를 이룰 수 있을 것인가를 알아내도록 하겠습니다. 자주 말로 상대방을 상처받게 하는 경우가 있으므로 동료에게 말할 때에는 조심하도록 하겠습니다. 이렇게 제가 행동과 말을 조심하면 팀원 간에 신뢰를 쌓을 수 있을 것으로 생각합니다.

Q 까다로운 손님을 어떻게 대하겠습니까?

A 까다로운 손님을 어떻게 하면 만족시킬 수 있을지를 알아내고 어떠한 경우에도 인내심을 가지고 모시겠습니다. 고객은 호텔의 자산입니다. 이들을 잘 유지하기 위해서는 호텔이 약속을 잘 지켜야 한다고 봅니다. 그러기 위해서는 직원들이 호텔의 규정과 경영방침을 정확하게 숙지하고 업무에 임해야 한다고 봅니다. 그것은 고객에게 각종 혜택을 친절하게 안내하고, 먼저 챙겨주는 업무습관에서 문제해결의 열쇠가 있다고 생각합니다.

Q How long do you think you'd stay with us if you were appointed?

A I applied to your hotel because your company has reasonable business policies and the potential to be the leading hotel in the hospitality business. If I'm hired, I'll stay with this hotel as long as I can.

Q Do you have any special skills or interests?

A Yes, I speak good English. I have a TOEIC score of 700 and a JLPT score of 450. I know how to use some computer software, such as excel, word processing, and power point. I made my own homepage. I have a bartender's certificate and can make about 40 different cocktails. I have a barista's certificate. I sometimes run in marathons.

Q Are you able to work flexible hours?

A Yes, I am. If I'm hired, my job would be my first priority. When I had a part-time job, I used to work in the afternoon, but whenever I was asked to work extra hours, I worked from morning until late night. My house is close to your hotel, so I can work anytime when I am needed.

Q 우리 호텔에 고용이 되면 얼마 동안 일할 수 있을 것으로 생각합니까?

A 저는 귀 호텔의 경영방향이 좋고, 성장 잠재력이 뛰어나기 때문에 지원을 하게 되었습니다. 만약 고용이 된다면 저는 귀 호텔과 함께 장기적으로 발전할 수 있도록 구체적인 계획을 세워 나갈 것입니다.

Q 특별한 기술이나 관심분야가 있습니까?

A 저는 영어를 잘 구사합니다. 저는 영어 토익을 700점, 일어능력시험에서 450점을 땄습니다. 그리고 컴퓨터는 엑셀, 워드, 한글, 파워포인트 등을 잘 구사할 수 있습니다. 가끔 저의 홈페이지를 만들기도 합니다. 바텐더 자격증을 가졌으며, 칵테일을 40여 종 만들 수 있고, 커피 바리스타 자격증도 보유하고 있습니다. 저는 가끔 마라톤도 합니다.

Q 당신은 호텔에서 요구하면 언제든지 출근해서 일할 수 있습니까?

A 네, 그렇게 할 수 있습니다. 제가 취직이 되면 나의 일이 가장 중요한 일이 될 것입니다. 아르바이트를 할 때 주로 오후에 근무했었고, 바쁠 때는 오전에 출근하여 밤늦게 근무한 적도 있습니다. 집이 가까워서 크게 문제되는 것이 없습니다.

호텔영어 1000문장 익히기

P·A·R·T 5

House Rules on the Hotel Accommodation

chapter 18. The World Best Smile Hotel, Korea 호텔숙박 약관

Chapter 18

The World Best Smile Hotel, Korea

호텔숙박 약관

Application of Provisions 관련 참고조항

Article Ⅰ

1. Hotel accommodation contracts and other related service contracts entered into by The world Best smile Hotel shall be in accordance with these provisions, and particulars not provided for in these provisions shall be made in accordance with the public customary practices and laws.

2. Notwithstanding the foregoing provisions, Hotel Korea may enter into special agreements to the extent that they do not run counter to the spirit of the provisions, laws or customary practices.

Reservation Deposit 예약 선수금 예치

Article Ⅱ

As HK accepted an accommodation request for reservation, HK may request the payment of a deposit, which will be limited

조항 I

1. 호텔의 예약 및 기타 당 호텔의 서비스에 관한 사항은 모두 본 조항의 원칙에 따른다. 다만 본 조항에서 언급되지 않은 특수한 사항에 대하여서는 사회통념과 관련 상위법에 준하여 이행한다.

2. 특히 하기의 조항에 거론되지 아니한 사안으로 일반법과 통념 이 이익 사안에 대하여서는 당 호텔이 특별협약을 성립하기로 한다.

조항 II

당 호텔이 예약을 접수할 경우 전체 체류 기간 중 도착일 당일의 숙박요금을 예치금으로 요구할 수 있다.

within a first day charge only. (When a reservation request is over a day, HK requests the deposit for only a one day charge.)

Cancellation of Reservation Request 예약취소

Article Ⅲ

When the guest making the reservation, cancels part of or all of the reservation he made, HK shall require a payment for the cancellation stipulated hereunder. Group reservation shall be in accordance with special group contracts.

1) Individual Guests

① When a reservation is cancelled on the day of the reservation: 60% of the first day room rate per room will be charged to the guest.

② When a reservation is cancelled one day before the reservation, 20% of the first day room rate will be charged to the guest.

③ When a guest is a no-show, 100% of the first day room charge will be charged to the guest.

2) Group Reservation

① When the reservation is cancelled 2 days prior to the reservation, 15% of the first day room charge per room will be

조항 Ⅲ

고객이 예약한 객실을 고객의 사정에 의하여 일부 혹은 전부를 해약할 경우 당 호텔은 취소분에 대한 위약금을 하기에 의거하여 요청할 수 있다. 다만 단체인 경우 단체계약 조건에 따라서 처리한다.

1) 개별고객

① 투숙 당일 해약할 경우: 당일 숙박비의 60%를 위약금으로 지불한다.

② 투숙 1일 전인 경우, 당일 숙박비의 20%를 위약금으로 지불한다.

③ 고객이 사전 연락 없이 투숙을 하지 않을 경우, 100%의 숙박비를 지불한다.

2) 단체 예약

① 투숙 2일 전에 해약할 경우, 투숙일 숙박비의 15%를 위약금으로 지불한다.

charged to the guest.

② When the reservation is cancelled a day prior to the reservation, 30% of the first day room charge per room will be charged to the guest.

③ When the reservation is cancelled on the arrival day, 70% of the first day room charge per room will be charged to the guest.

④ When the group is a no-show, 100% of the first day room charge per room will be charged to the guest.

Identification of Name, Nationality, etc. 성함, 국적 등 인적사항

Article Ⅳ

When The World Best Smile Hotel has accepted an accommodation request prior to the reservation date, it may request that the person making the reservation clarify the following information, within a designated period:

1. Sex, name, nationality and occupation of the person requesting reservation.
2. Other necessary information requested by the HK.

② 투숙 1일 전에 해약할 경우, 투숙일 숙박비의 30%를 위약금으로 지불한다.

③ 투숙 당일에 해약할 경우, 투숙일 숙박비의 70%를 위약금으로 지불한다.

④ 단체고객이 사전 연락 없이 투숙하지 않을 경우 투숙일 숙박비의 100%를 위약금으로 지불한다.

조항 Ⅳ

당 호텔에서 예약을 사전에 접수할 경우 고객에게 다음 사항을 요청할 수 있다.

1. 성별, 이름, 국적, 직업
2. 기타 당 호텔에서 필요로 하는 고객 정보

Hotel Registration 호텔 예약

Article V

Upon arriving, all guest are requested to register the information hereunder at the front desk.

① Sex, name, nationality and occupation of the person registering.
② If the guest is Korean, his resident registration number
③ If the guest is not Korean, his passport number, date and port of entry in Korea.
④ The estimated day and time of departure.
⑤ Other necessary information requested by the hotel

Payment Rules 비용계산

Article VI

1. HK does not accept any kind of personal checks.
2. Payment of the balance can be made by either US dollars, Euro's or Korean currency. Other types of payment can be accepted by HK, such as traveler's check and coupons that are listed at the front reception desk.

Responsibilities on Hotel Accommodation

조항 V

고객이 당 호텔에 도착하면 모든 고객은 다음 사항을 프론트데스크에서 등록하여야 한다.

① 성, 이름, 국적, 동숙자
② 투숙객이 한국인일 경우 본인의 주민등록번호
③ 외국인의 경우, 여권번호, 입국일과 입국지역
④ 체류기간과 출발예정 시간
⑤ 기타 호텔에 필요한 숙박정보

조항 VI

1. 당 호텔에서는 개인수표를 사용할 수 없다.
2. 지불수단은 미화, 유로화, 한국화로 지불 가능하다. 그 외에 여행자 수표와 협약된 쿠폰으로 지불할 수 있다.

호텔고객에 대한 책무

Article Ⅶ

1. The responsibility of Housekeeping regarding accommodation starts from the time a guest completes his or her registration at the front desk and ends at the time when a guest finishes his check out process, clearing the bill.
2. Housekeeper's will not accept any responsibility for any accidents that occurred by the guest's failure to observe the safety rules of housekeeping.
3. In case the guest can not be accommodated due to some housekeeping responsibilities, the hotel will provide the same standard facility hotel. In the case of this happening the HK will provide transportation to and from those facilities at the hotel's expense.

조항 VII

1. 호텔고객에 대한 숙박의 책무는 고객이 등록을 완료한 시간부터 적용되어 고객이 계산을 마치고 체크아웃 절차를 완료하는 시점에 끝나게 된다.
2. 당 호텔은 호텔의 안전 수칙을 무시하여 고객의 부주의로 발생한 어떠한 사고도 책임지지 않는다.
3. 당 호텔의 귀책사유로 고객이 투숙할 수 없을 경우 호텔은 동일 수준의 호텔을 당 호텔의 비용으로 제공한다. 그리고 호텔 이동에 필요한 교통비용과 경비는 호텔이 부담한다.

Bibliography

1. 국제회의영어, 한광종, 백산출판사, 1999.
2. 부산웨스틴조선호텔 서비스메뉴얼, 2006.
3. 상식생활영어회화, 김종견, 형설출판사, 1998.
4. 오성식 생활영어, 오성식, 고려원, 1995.
5. 외국어 회화(관광기념품점·관광식당 편), 한국관광협회·서울시 관광협회, 1987.
6. 외국어 회화(관광호텔 현관·객실부문), 한국관광협회·서울시 관광협회, 1988.
7. 컨벤션영어 예상문제집, 한광종, 백산출판사, 2003.
8. 파라다이스호텔부산 서비스메뉴얼, 2007.
9. 핸드북 여행영어, 오교성, 백산출판사, 2003.
10. 호텔·레스토랑 실무영어, 신재영 외, 백산출판사, 1999.
11. 호텔·외식조리영어, 진양호·강경재, 백산출판사, 2002.
12. 호텔영어회화, 김미경 외, 형설출판사, 2000.
13. 호텔현대(주) Practical English, 금강개발, 성광사, 1992.
14. All-Star, Linda Lee, McGrawHill, 2006.
15. Dr Mun's Magic Travel & Tourism English, 문귀남, 백산출판사, 2006.
16. Food and Beverage: Suggested Selling, American Hotel and Motel Association, 2006
17. Food and Beverage: Quality Service Skills, American Hotel and Motel Association, 2006
18. Front Office Quality Service: Exceeding Guest Expectations, American Hotel and Motel Association, 2007.

19. Hotel English, 조정호, 초지문화사, 1987.
20. Hotel & Food Service Cuisine English, 진양호·강경재, 백산출판사, 2002.
21. Hotel·Restaurant Food & Beverage English, 정종훈·하경희, 현학사, 2006
22. Hotel & Restaurant Service English, 송두석·송경진, 현학사, 2007.
23. How to run a Great Hotel, Enda M Larkin, Howtobooks, 2009.
24. Modern Hotel English, David A. Mason, English Study Center, 1992.
25. Survival English for Tourism, 이원봉, 대왕사, 2000.

【저자 약력】

박대환

영산대학교 호텔경영학과 교수
부산 웨스틴조선호텔 영업총괄/부총지배인
관광호텔총지배인 자격증 & 국제관광호텔 총지배인 자격증(AHLA CHA)
미국 Florida International University Hospitality Management 교환교수
한국호텔관광학회 회장
경남대학교 경영학과 박사
세종대학교 호텔경영학과 석사

한영주

영산대학교 호텔경영학과 교수
이화여자대학교 강사
미국 Temple 대학교 영어교육학 석사, 박사
이화여자대학교 영어영문학과 학사

송석규

영산대학교 호텔경영학과 교수
포스코 ICT 차장
미국 클리브랜드주립대 경영정보학 박사
미국 애리조나주립대 경영정보학 석사

정구점

영산대학교 호텔경영학과 교수
서울 Tower Hotel 총지배인
미국 Oxford Palace Hotel LA. 부사장/총지배인
관광호텔총지배인 자격증 & 국제관광호텔 총지배인 자격증(AHLA CHA)
동아대학교 관광경영학 박사
경기대학교 관광경영학 석사
미국 University of Nevada Las Vegas 호텔경영학사

원철식

영산대학교 호텔경영학과 교수
한국관광서비스학회 회장
한국관광협회중앙회 근무
세종대학교 호텔관광경영학 경영학박사
미국 Florida International University Hospitality Management 석사

장병주

영산대학교 호텔경영학과 교수
호텔현대(경주) 식음료 지배인
국제관광호텔 총지배인(AHLA CHA)
대구대학교 대학원 관광경영학 박사
미국 Saint Thomas University 경영학 석사

Rebecca C. Payne

영산대학교 호텔경영학과 초빙교수 역임
플로리다 주립대 MBA(경영학 석사)
플로리다 주립대 경영학 학사

제3판
호텔영어 1000문장 익히기

제3판인쇄 2014년 7월 25일
제3판2쇄인쇄 2017년 2월 10일
제3판2쇄발행 2017년 2월 20일

지은이 박대환 · 한영주 · 송석규 · 정구점 · 원철식 · 장병주 · Rebecca C. Payne
펴낸이 박노일

총괄기획 김중용
편 집 심성보

펴낸곳 pnc publishing and culture 피앤씨미디어
경기도 고양시 일산동구 강송로 153 310-1501
등록 제396-2012-000203호
전 화 070)7550-3758 팩 스 02)718-8554
홈페이지 www.pncmedia.co.kr 이메일 pnc@pncmedia.co.kr
ISBN 979-11-5730-004-4 93740

정 가 15,000원